CB081035

ATUAIS E DISSONANTES TEMAS DE REGISTO PREDIAL

ATUAIS E DISSONANTES TEMAS DE REGISTO PREDIAL

2020

J. A. Mouteira Guerreiro

Com comentário do Professor
Rui Pinto Duarte

ALMEDINA

ATUAIS E DISSONANTES
TEMAS DE REGISTO PREDIAL

AUTOR
J. A. Mouteira Guerreiro

EDITOR
EDIÇÕES ALMEDINA, S.A.
Rua Fernandes Tomás, n.os 76, 78 e 79
3000-167 Coimbra
Tel.: 239 851 904 · Fax: 239 851 901
www.almedina.net · editora@almedina.net

DESIGN DE CAPA
EDIÇÕES ALMEDINA, S.A.

PRÉ-IMPRESSÃO
Vítor Miranda

IMPRESSÃO E ACABAMENTO
AAAAAAAAA

Mês, 2020
DEPÓSITO LEGAL
000000/20

Os dados e as opiniões inseridos na presente publicação são da exclusiva responsabilidade do(s) seu(s) autor(es).
Toda a reprodução desta obra, por fotocópia ou outro qualquer processo, sem prévia autorização escrita do Editor, é ilícita e passível de procedimento judicial contra o infractor.

ALMEDINA | GRUPOALMEDINA

BIBLIOTECA NACIONAL DE PORTUGAL – CATALOGAÇÃO NA PUBLICAÇÃO
ATUAIS E DISSONANTES TEMAS DE REGISTO PREDIAL.
(Estudos)
GUERREIRO, J. A. Mouteira
ISBN 978-972-40-9011-5
CDU 347

Nel mezzo del cammin di nostra vita
mi ritrovai per una selva oscura
ché la diritta via era smarrita.„„

(*Divina Commedia* I/ Canto 1/1)

ÍNDICE

COMENTÁRIO DO PROFESSOR RUI PINTO DUARTE

Caro Professor Mouteira Guerreiro,

Venho, por este meio, corresponder ao seu amável convite para pôr por escrito (em modo destinado a divulgação) algumas das opiniões que tive oportunidade de lhe transmitir sobre o seu novo texto intitulado «Atuais e Dissonantes Temas de Registo Predial».

Tenho todo o prazer em continuar por esta via o diálogo que temos tido, ainda que as minhas observações de pouco possam servir aos seus leitores, pois o meu conhecimento sobre registo predial é muito inferior ao seu. Não gosto, porém, de recusar solicitações a quem considero.

Não sendo viável analisar todo o seu riquíssimo texto, escolhi cinco temas que me parecem centrais – um pouco à imitação do que faria se estivéssemos num colóquio em que me coubesse o papel de comentador (consciente de que a audiência ficaria desapontada com convergência de opiniões!).

a) O âmbito e os fins do registo predial

Acerca destes pontos de partida, o seu texto, sobretudo nos n.ºs 4 e 5 do primeiro capítulo, sublinha que:

- O registo predial não abrange apenas direitos reais;
- A publicidade a que se refere o art. 1.º do CRPredial não é o único fim do registo predial;

- O fim da «segurança do comércio jurídico imobiliário», enunciado no art. 1.º do CRPredial, é parâmetro de todo o regime do registo predial.

São notas vitais para a compreensão do regime vigente – resultante do CRPredial de 1984, mantido, nos aspetos essenciais, até hoje, apesar de as alterações que sofreu terem tido sentidos algo contraditórios entre si e, nalguns casos, com o da versão primitiva do diploma. A primeira por chamar a atenção para que muitos dos factos sujeitos a registo têm efeitos diversos da constituição ou da transmissão de direitos reais (*v.g.*, operações de transformação fundiária, arrendamentos, afetação de imóveis ao caucionamento das reservas técnicas das companhias de seguros). A segunda e a terceira por servirem de base à demonstração de que o registo influencia (codetermina) a situação jurídica dos prédios.

Tenho esperança em que a clareza da sua nova exposição sobre estes alicerces do registo predial contribua para vencer as resistências que ainda se verificam ao reconhecimento da centralidade da instituição no nosso sistema jurídico.

b) O papel do registo predial no processo de constituição e transmissão de direitos reais sobre prédios

O segundo aspeto que selecionei é continuação do anterior, respeitando ao papel do registo predial no processo de constituição e transmissão de direitos reais sobre prédios – o mesmo é dizer à crítica (que surge sobretudo na segunda parte do capítulo primeiro e na segunda parte do capítulo quarto do seu texto) da ideia de que, no direito português, os direitos sobre os bens (*maxime* sobre os prédios) se constituem e transmitem por mero efeito dos contratos (ou de atos unilaterais, nos espaços que estes podem ocupar). Conhecer o papel que o registo predial desempenha no processo da constituição e transmissão de direitos reais sobre prédios é indispensável para conhecer o regime vigente, não desvirtuando o que resulta dos preceitos legais, em obediência a pré-entendimentos preguiçosos. O relevo que, nesse quadro, atribui ao art. 9.º do CRPredial e ao art. 54 do CNot, muitas vezes não tidos em conta na discussão do problema, parece-me inteiramente justificado.

As afirmações de que em rigor não existem sistemas só de título e de que o sistema português é de título e modo, apesar de invulgares, a meus olhos não são arrojadas, pois, como sabe, tenho escrito algo que se aproxima dessas afirmações (e não fui o único a fazê-lo). Acompanho-o sem reservas na necessidade de não dar ao n.º 1 do art. 408 do Código Civil a centralidade que a sua conjugação com os demais elementos da ordem jurídica lhe retira. Só não o acompanho no entendimento da entrega de prédios como «modo»: julgo que no direito imobiliário português a perfeição da constituição ou da transmissão de direitos sujeitos a registo depende do registo, mas não da entrega – que vejo como uma obrigação do constituinte ou alienante resultante do contrato a que não cabe o papel de condicionar a constituição ou a transmissão de direitos.

c) A relação entre o registo predial e a posse

O capítulo terceiro do seu texto, em que trata deste tema, merece inequivocamente destaque. Sendo impossível, na necessária brevidade destas linhas, referir-me a tudo quanto lá consta, direi que convirjo na crítica da tese segundo a qual a base de toda a nossa «ordem imobiliária» está na usucapião (e na crítica do inerente atirar do registo predial para um papel marginal).

Nesse campo, tenho vincado três argumentos: o de que a nossa «ordem imobiliária» assenta em normas constitucionais e não em normas infraconstitucionais; o de que tal visão faz tábua rasa da necessidade omnipresente de interpretação sistemática (desconsiderando normas que devem ser consideradas impeditivas da usucapião, designadamente as que limitam o fracionamento dos prédios rústicos e as urbanísticas); o de que a quantidade de casos de usucapião tem vindo a descer e continuará a descer, em razão do desenvolvimento cultural e tecnológico, sendo, pois, anacrónico ver nela a base de qualquer parte da ordem jurídica.

É, assim, inevitável que concorde com o apelo que, para fundar os seus pontos de vista, faz à proteção constitucional do direito de propriedade e à necessidade de interpretar as normas tendo em conta a evolução da sociedade.

d) O entendimento da liberdade de forma enquanto princípio

Na generalidade dos livros de Direito, mormente nas lições de Teoria Geral do Direito Civil e nas lições de Direito das Obrigações, afirma-se, sem justificações desenvolvidas, nem adversativas, que, no campo do Direito Privado, vigora um princípio de liberdade de forma dos atos jurídicos. A crítica que faz a tal entendimento, no capítulo «As premissas do Registo e arcaicos conceitos», foi um bálsamo para o meu espírito, que se tem sentido pouco acompanhado quando deambula por esse tema.

Na verdade, desde há muitos anos que critico o entendimento em causa, tentando demonstrar que, em geral, as normas que exigem a adoção de certa forma não são excecionais e defendendo que o princípio da liberdade de forma não é um princípio com uma intensidade conformadora do sistema jurídico similar ao de princípios como o da liberdade de estipulação ou o do respeito pela boa fé, não passando de uma regra subsidiária.

Por isso, ver enfatizado (no capítulo quarto do seu texto) que «*quanto a todos os imóveis* e com respeito a qualquer acto ou negócio jurídico referente à sua constituição, transmissão ou oneração [...] a lei *exige sempre* uma convenção formalizada, como mínimo através de documento escrito» foi um modo de me sentir mais seguro da minha própria opinião.

e) A localização da abordagem do registo predial nos planos de estudos da licenciatura em Direito

No final do primeiro capítulo, aborda esta questão, criticando que o Direito Registral Imobiliário seja ensinado como parte dos Direitos Reais. Ironizando, começarei por afirmar que já não é mau que assim seja, pois muitas vezes o registo predial não aparece nos planos de estudos das licenciaturas em Direito. Em *registo* sério, manifesto-me feliz, já que também tenho defendido que o estudo dos registos (incluindo o do registo predial) é tema que transcende qualquer ramo do Direito Privado, entrando na sua teoria geral, merecendo ser tratado nessa sede, como instituição basilar.

A terminar, salto do plano da interpretação do direito vigente para o da cidadania e da política legislativa para manifestar o meu apreço pelo contributo que o Professor Mouteira Guerreiro, nomeadamente por meio de todos os trabalhos que tem publicado (a que se juntará o que deu pretexto a estas linhas), tem dado à valorização do registo predial – que julgo indispensável para múltiplos fins, seja de realização da justiça, seja, como aliás também nota, de natureza económica.

Vale!
Lisboa, 19 de novembro de 2020
Rui Pinto Duarte

APONTAMENTO INTRODUTÓRIO

Há anos que continuo a duvidar do acerto de muitas das opiniões comummente seguidas sobre reiterados temas de Registo Predial e da sua conformidade com a realidade e com as normas vigentes. E verifico que quando manifesto os pontos de vista que me parecem mais ajustados à lei e à vida – e, portanto, ao Direito –, mas que são divergentes ou mesmo opostos às habituais e arreigadas conceções, por vezes há quem concorde, mas frequentemente sou censurado e tido como néscio.

Devo dizer que não me afetam tais qualificativos, já que, sem objetivos pessoais, apenas tento afirmar e defender a função social do Registo, sobretudo a do atualmente *Novo Registo Predial*, e rebater as apreciações negativas que têm sido feitas. Estas, em regra, não me têm convencido e reflexamente acabam por consolidar o entendimento que proponho. Afinal, tais críticas quase sempre reafirmam – sob uma aparência científica e com variantes que não alteram o essencial –, as mesmíssimas, vetustas e bem conhecidas teses, muitas delas defendidas desde o tempo em que vigorava o Código de Seabra e os Códigos do Registo Predial desse tempo e até mais recentes, mas reafirmando velhos conceitos e procedimentos[1].

Acontece que, embora alguns autores continuem a investigar, procurando atualizar-se, outros, nesta matéria, *fixaram-se* na tradicional depreciação do antigo Registo Predial, insistindo em arcaicas

[1] Algumas feitas por quem me parece que tinha obrigação de expor o valor do Registo Predial, à semelhança do que fazem os "Registradores de Espanha", e não o invés, ministrando cursos e organizando colóquios com céticas teses que, presentemente, penso que não têm razão de ser.

e pseudo-teóricas conceções, promovendo cursos e seminários, orientando teses e citando basicamente os que têm idênticas opiniões, sem aceitar "pensar de outro modo" [A. TOURAINE] e sem cuidar de refletir nas mais recentes e profundas alterações do Registo, nas suas consequências e nas próprias "circunstâncias" sociais do nosso tempo, quiçá para defenderem as suas publicações, ou outra coisa qualquer, embora indiferentes a pôr em causa a certeza jurídica, a confiança nas transações imobiliárias, as taxas do crédito hipotecário e a segurança do comércio jurídico imobiliário.

Tenho tido oportunidade de manifestar pontos de vista próprios, discrepantes dos usualmente aceites (confesso que não penso nem escrevo com o intuito de seguir ou apoiar "opiniões dominantes"), mas que julgo corresponderem ao estipulado na legislação e à hodierna verdade da vida. Ao defender o que a maioria entende serem "desafinadas" dissonâncias é porque pretendo essencialmente dar uma modestíssima achega para que no futuro se alcancem fulcrais e benéficas *consonâncias* em torno da instituição registral[2] e dos seus fins. Afinal, as "dissonâncias cognitivas" [LEON FESTINGER] buscam a coerência e a eliminação de divergências.

Por outro lado, julgo que os princípios e procedimentos do *novo* Registo Predial são, todos eles, sobremaneira importantes, mormente para a finalidade da segurança do comércio jurídico imobiliário e para a almejada coincidência da verdade tabular com a substantiva, de modo que o estudioso deixe de se fixar apenas na exegética de velhos temas,

[2] Continuo a escrever "registral" e não "registal", apesar de entender as razões daqueles que (como SEABRA LOPES) consideram que, dizendo-se entre nós "registo" e não "registro" (como no Brasil), a forma registal se lhes afigura mais adequada. Todavia, tendo-me informado junto de Professor de Letras que muito considero, percebi que a expressão registral – proveniente do latim erudito *registrum* – é mais correta, visto que a adjetivação desta palavra *tem raiz etimológica erudita e não popular.* A popular de *registum* não se adjetivava. A expressão que popularmente se poderia utilizar seria "do registo" e não a adjetivada e erudita (*registal*). À luz do atual acordo ortográfico também me parece mais condizente a palavra "registral". A propósito do acordo ortográfico, escrevo nessa base, não por concordar, mas porque tal está determinado na Universidade a que estou ligado. Todavia nas palavras em que, se fossem omitidas partículas que o acordo suprimiu, podiam ter duas leituras (v.g. "ato", pode ser o presente do indicativo do verbo "atar") prefiro a ortografia tradicional, que nesses casos parece ser admitida. Também quando faço citações, transcrevo exatamente como os autores escreveram.

tais como o dos *efeitos* (substantivos, confirmativos, constitutivos...) e sobretudo o do badalado artº 5º, como se só isso interessasse[3].

Procurei exprimir em diversas oportunidades, mormente em artigos e conferências, os pontos de vista e conceitos que a experiência e o estudo me iam mostrando estar mais de harmonia com as mudanças legislativas e com a prática, além de ajustados aos novos tempos. Encontrando-se alguns desses escritos dispersos, foi-me sugerido que num simplificado texto resumisse e porventura repensasse as principais, controversas e novas ideias então expostas, visto que certamente isso estimularia o debate sobre temas polémicos que, no entanto, se demonstra poderem ser relevantes.

Aceitando o desafio, procurei elaborar uma breve publicação, que é tão-só uma despretensiosa seleta dessas reflexões[4], embora aproveitando o ensejo para as atualizar, esclarecer ou mesmo retificar, até porque sobre algumas alterei passados entendimentos.

Dividi o sucinto trabalho em 7 capítulos – alguns subdivididos em parágrafos –, ao jeito de quem recorda a clássica visão de Jacob (não, é claro, com o intuito de subir a escada e alfim descortinar a almejada

[3] Penso que há temas igualmente importantes e com maior interesse pratico, que seria útil desenvolver, tais como o dos efeitos presuntivos (artº7º), do trato sucessivo, da legitimação dispositiva, da obrigatoriedade, da legalidade, das provisoriedades referidas no nº 2 artº 92º... enfim, mas esses autores só debatem o artº5º. Fazem-me lembrar um velho professor de música que falava sempre no (aliás belíssimo) *adagio em sol menor* de Albinoni, parecendo que o demais pouco lhe interessava.

[4] Refiro-me a anteriores intervenções, algumas delas publicadas como foi o caso, entre outros, do artigo *Algumas reflexões sobre o registo imobiliário português*, na Revista de Direito Imobiliário – RDI, nº 83 São-Paulo-Brasil:Thomson Reuters/RT, 2017, pp.285-322 do artigo *Cadastro e Registo são instituições complementares, não duplicadas nem concorrentes*, publicado no nº II, ano 150º, 2018, da Revista "O Direito"; da conferência *Equívocos a propósito do Registo Predial* feita em 24 de fevereiro de 2017 no Colóquio sobre *Direito Registral* realizado no CEJ (*in:* http://www.cej.mj.pt/cej/recursos/ebooks/civil/eb_DireitoRegistal.pdf); da conferência realizada no CIJE (FDUP) em 16 de novembro de 2016 *Considerações sobre o atual registo imobiliário* (que abordou a modernização do Registo Predial); do artigo "A Sociedade de Informação e a valia do Registo Predial", publicado no nº II, ano 147º, 2015, da Revista "O Direito"; e da conferência intitulada Alguns *equívocos em torno do Registo Predial*, efetuada em 13 de novembro de 2015 na Escola de Direito da Universidade do Minho (consultável em: https://www.dicas.sas.uminho.pt/noticias/academia/2015/11/ direito-registral-e-notarial-em-destaque-na-uminho) e *A usucapião e o registo: devemos repensar o tema?* em RED — Revista Eletrónica de Direito, ed. CIJE/ FDUP, 2013, n.º 2. e ainda no livro *Ensaio sobre a Problemática da Titulação e do Registo à Luz do Direito Português*, Coimbra: Coimbra Editora, 2014, sobretudo pp.409/446.

sabedoria), mas simplesmente para sistematizar conteúdos e procurar constringir as questionadas matérias sobre as quais, como disse, mantenho opiniões diferentes, não me resignando a glosar ou a reproduzir o conteúdo da maioria dos manuais.

Ao reler agora esses capítulos, verifiquei que, em alguns deles, repeti certas ideias que, em parte, já anteriormente tinha exposto. Todavia, achei preferível não alterar a narrativa porque, se o fizesse, por certo iria torná-la menos clara e coerente.

Espero que esta ingrata incumbência de tentar exprimir os pontos de vista divergentes possa estimular um refrescamento e revisão de velhas opiniões sobre o Registo Predial que a meu ver estão em grande parte ultrapassadas, sobretudo por omitirem a sua *profunda renovação* – mais do que *evolução* –, traduzida numa considerável *mudança dos procedimentos, princípios e objetivos* que em diversos trabalhos se chegaram a propor e que, em boa hora, a lei acabou por acolher.

Todavia, inditosamente, tal acentuada e benéfica "revolução" continua a ser bastante (ou totalmente) olvidada por grande parte da jurisprudência e da doutrina, que permanecem ligadas aos antigos estereótipos e encaram o Registo Predial cética e perfunctoriamente[5], pelo que urge apontar e difundir essa mudança, demonstrando que as alterações ocorridas se tornaram úteis, ou mesmo necessárias, e mais consentâneas com a realidade, proporcionando um novo paradigma de Registo que reforça a sua valia e credibilidade, o que, conferindo acrescida segurança às relações jurídicas imobiliárias, também propicia crucial "tranquilidade" aos titulares inscritos e maior estabilidade social.

É que o Registo, para cumprir a sua função, tem de estar – como, aliás, todo o Direito – ao "serviço da vida", visando oferecer, como pensamos que, no seu âmbito próprio, presentemente oferece, um *relevante*

[5] Muitos dos que escrevem sobre o Registo Predial só o vêm teórica e superficialmente parecendo que apenas se interessam por conceitos do Direito substantivo e na perspetiva deste, esquecendo fundamentais princípios (v.g. os previstos nos artºs 6º, 7º, 8º e 8º-A, 9º, 34º, 68º e 97º/1 do CRPred) que permitem sustentar que o nosso Registo é de "fé pública", persistindo antes em arcaicas depreciações. Não consigo entender o motivo que leva muitos autores a menosprezar uma instituição que, afinal, visa dar a conhecer e defender os direitos de todos. Até já cheguei a ler que o Registo Predial não tem aptidão para a proteção de terceiros (*no comment*).

préstimo, adequado à sua função. Lembrá-lo tem sido o objetivo primário dos meus parcos escritos.

Os capítulos são os seguintes:

1 – *O renovado Registo Predial e suas atuais finalidades*
2 – *Caraterização da obrigatoriedade de registar e da inscrição oficiosa e simultânea como "princípios de registo".*
3 – *A vexata questio da posse e do registo.*
4 – *A liberdade de forma e o consensualismo.*
5 – *O Cadastro e o Registo, o prédio e a sua identificação de facto e de direito.*
6 – *A evolução técnico-jurídica do sistema registral português e a conceção do Registo como declarativo ou constitutivo.*
7 – *O Registo Predial português como um "registo de direitos".*

Um último esclarecimento é devido: tenho lido bastante do que se publica sobre o Registo Predial e confesso que um dos Autores que mais me tem motivado, mormente na defesa do papel fulcral que este Instituto desempenha na sociedade contemporânea, é o Professor Rui Pinto Duarte que, nas suas obras sobre este tema, exprime clara e doutamente tal relevante papel.

Como esse é um objetivo central do meu breve estudo, tive oportunidade de o contactar. Enviei o texto, convidando-o a comentar os meus pontos de vista. O preclaro Professor, apesar dos seus múltiplos afazeres, deu-se ao trabalho de o examinar, enviando-me os seus atenciosos comentários "em modo destinado a divulgação". Assim, tais comentários e a autorização da publicação dos mesmos constituem para mim evidente motivo de expressivo agradecimento, a que acresce a não menor gratidão por ter qualificado o meu parco escrito de "riquíssimo texto". Só espero que, *mea culpa*, nunca chegue a ter o mínimo inconveniente por, nas opiniões que expressou, ter decidido, em parte, concordar com o meu controverso discurso. De todo o modo, aqui renovo o meu público reconhecimento ao Professor Rui Pinto Duarte, o que também quero assumida e explicitamente manifestar.

CAPÍTULO I
O RENOVADO REGISTO PREDIAL E SUAS ATUAIS FINALIDADES

§ 1º

1 – Em 2007 foi oficialmente anunciado que o Registo Predial já se encontrava inteiramente informatizado em todo o País, estando o conteúdo das fichas (existentes desde 1984) assim como o dos livros, extratado para o sistema informático ou, pelo menos, digitalizado. Isto desde 1940, acrescendo que, no caso de o acto solicitado se relacionar com algum registo anterior a essa data, também ele ser imediatamente extratado, integrando-se no sistema informático e na Base de Dados do Registo Predial.

Por outro lado, a execução dos registos deixou, em qualquer caso, de poder ser feita em suporte de papel, só podendo ser realizada informaticamente, e aos próprios interessados quer naquela feitura, quer na informação sobre a situação jurídica dos imóveis[6], também a mesma ficou a poder ser disponibilizada *online*.

No tocante aos despachos dos conservadores, mormente os de qualificação dos atos, incluindo os de aperfeiçoamento, previstos para suprir deficiências e dar oportunidade aos registantes de as corrigir, evitando a desfavorável qualificação do pedido, passaram a ser obrigatoriamente lavrados digitalmente, ficando integrados no "sistema".

Por conseguinte pode dizer-se que o Registo Predial já há mais de 12 anos se modernizou em múltiplos aspetos, de que falaremos no capítulo 3º, entrando também na "era digital" à semelhança do que

[6] Refiro-me aos imóveis no comércio jurídico, portanto suscetíveis de registo.

ocorreu na generalidade dos países europeus, com destaque para Espanha que desde os finais do século passado iniciou uma inovatória modernização dos registos. Também entre nós a informatização se processou em praticamente todos os domínios, designadamente nos tribunais, serviços fiscais e demais organismos públicos. Os próprios privados aderiram à informatização, tanto para facilitar a sua atividade como, em alguns domínios (por ex. na emissão de faturas), por terem sido a isso obrigados.

Em suma: o tratamento de dados e a informação em geral e em especial a do Registo Predial já há anos que se processa, na presente era digital e da globalização, *por meios informáticos* – o que é hoje inevitável, tendo evidentes vantagens, mas também comportando conhecidos riscos.

2 – A indicada e profunda mudança tecnológica decorrente da informatização, bem como das demais alterações legais que o Registo Predial teve, permitiu que pudesse prestar uma pronta (instantânea) e rigorosa informação da situação jurídica dos prédios, propiciando, conjuntamente com o princípio da obrigatoriedade de registar, a atualizada inscrição dos diversos actos que alteram a situação jurídica dos imóveis, para que esta transpareça publica e imediatamente de modo fidedigno e facilitado.

A opção informática, mais do que uma opção passou a ser uma imposição, visto que inclusivamente a nível internacional e comunitário se estabeleceram sanções para os atrasos na adaptação de institutos e serviços à nova "economia digital", processada através da internet e das várias *intranets.* Na verdade, a internet tornou-se um agente privilegiado, e hoje quase exclusivo, de difusão de quaisquer mensagens, práticas, notícias e conhecimentos, incluindo os respeitantes à identificação das pessoas e dos imóveis. É outrossim suporte das atividades de ensino, investigação e aprendizagem.

Nos nossos dias é obrigatoriamente utilizada para o cumprimento de toda a espécie de obrigações informações e petições, privadas e públicas, como é o caso das fiscais e das judiciais. Numa tese académica publicada no final do século passado – portanto em fase incipiente comparativamente com os amplos e rápidos desenvolvimentos atuais – considerou-se que a *internet* constitui "a mais profunda revolução na comunicação desde a invenção da escrita"[7]. Afigura-se que esta verdadeira *alteração de circunstâncias* decorrente da nova era digital causou outrossim uma modificação e especialmente uma aceleração de comportamentos e uma *ampliação* dos objetivos que as diversas instituições públicas e privadas tradicionalmente prosseguiam.

Face à indubitabilidade da atual "Sociedade de Informação", consabidamente baseada na generalizada informação eletrónica – e pensa-se que "está a chegar" a revolucionária computação quântica – parece que é pertinente questionar: fará algum sentido que se continue a "acreditar" no predomínio[8] da arcaica e delongada "publicidade espontânea" dos imóveis e que ao Registo Predial caiba apenas uma *finalidade publicitária suplementar* em confronto com a espontânea da posse? A resposta que me parece adequada é exposta no capítulo 3º.

É uma verdade irrecusável que a *internet* constitui na era da "economia digital" o meio praticamente exclusivo de comunicação de notícias e de difusão de toda a espécie de informações. Por isso se chega a dizer com algum realismo que "o que não está na *Net* não está no Mundo", ou melhor, não corresponde à época atual, muito diferente da que existiu ainda há bem pouco tempo...

3 – No entanto, a "revolução" que se operou no Registo Predial não se circunscreveu à informatização. Foi bem mais ampla, mormente porque envolveu *os seus fins*, o seu *objeto*, os seus *procedimentos*, a sua *organização*, os seus *meios* e bem assim os *actos* e a introdução de *novos* e *fundamentais princípios*. Com Arnaíz Eguren podemos dizer que se converteu numa "peça essencial do sistema jurídico que regula e garante, simultaneamente os direitos do Administração e dos particulares (...)"[9].

[7] Cf: RECUERO, Raquel da Cunha, *A internet e a nova revolução na comunicação mundial*, consultável em: http://www.raquelrecuero.com/revolucao.htm

[8] Predomínio e não *supressão*, porque, ao contrário do que já vi referido, nunca defendi a *exclusão* da posse. Sempre sustentei que há *coexistência*, embora não *prevalência* da posse.

[9] *Vide:* ARNAÍZ EGUREN, Rafael: *Registro de la Propiedad y Urbanismo*. Madrid: Marcial Pons, 1995, pp. 12 e ss.

Recorde-se ainda que o Código de 1984 *revolucionou* o velho Registo Predial. Por isso, o próprio Ministério da Justiça patrocinou (sob a presidência do então Ministro Rui Machete) um "Encontro Nacional de Conservadores do Registo Predial", com vista a motivar os conservadores de todo o País para a rápida aplicação, na prática, das profundas alterações do Registo Predial. Como foi dito na sessão inaugural, "está em curso a aplicação de um *novo ordenamento jurídico-registral* que, senão nas suas traves mestras, ao menos na sua dinâmica hodierna e em toda uma filosofia nova que encerra, rompe decididamente com uma tradição teórica e prática já quase centenária"[10].

3.1 – O Código de 84 e seus sucessivos aditamentos[11] – sendo aqui supérfluo analisar o Código de 83, visto que não chegou a entrar em vigor – introduziu tantas e tão profundas alterações no sistema registral até então vigente que pensamos ser mais adequado falar de um *novo* Registo Predial. Com efeito, para além do disposto no artº 1º que seguidamente abordaremos, foram alteradas muitas outras disposições dos Códigos de 1959 e 1967, as quais aqui não vou pormenorizar, limitando-me a referir as que, sendo mais relevantes, considero indispensável salientar. Assim:

i) – Quanto ao objeto do registo, o artigo 2º passou a abranger, além dos Direitos Reais, praticamente todos os outros Direitos e factos inscritíveis e suscetíveis de incidir sobre os prédios e o artigo 3º, respeitante

[10] As citadas palavras foram de Silva Costa (*vide*: COSTA, Fernando Carlos Ramalho Silva, "Introito", *in Regesta:* edição da "Associação Portuguesa de Conservadores dos Registos, Ano 1985, nº 58, p.39/40-P). As conclusões dos 4 temas (que versaram sobre: 1– a transição dos suportes documentais; 2 – o processo pré-registral, a qualificação e as oficiosidades; 3 – o novo sistema e suas implicações no Registo Comercial; 4 – a exigência de identificação do prédio e a conjugação do registo com os títulos e a matriz), também estão publicadas na citada Revista *Regesta,* nº 62, pp. 123 a 132/P. As considerações jurídicas sobre o novo Código, nessa sessão inaugural, foram apresentadas por A. Menezes Cordeiro.

[11] As alterações e os aditamentos foram tantos – especialmente os instituídos pelo Dec-Lei nº 116/2008 – que, na verdade, já deviam ter dado lugar a uma reformulação integral do Código. Como expressivamente disse Rui Pinto Duarte, o indicado diploma "veio martelar remendos numa peça já muito gasta, tornando-a ainda mais romba" (cf: DUARTE, Rui Pinto, *A Reforma do Registo Predial de Julho de 2008 in* "Revista da Ordem dos Notários, Maio de 2009, p. 30 e disponível em *www.fd.unl.pt/docentes_docs/ma/rpd_MA_7722.pdf.*

às ações e decisões, compreende agora a (antes debatida) ação pauliana, incluindo também "os procedimentos que tenham por fim o decretamento do arresto e do arrolamento, bem como de quaisquer outras providências que afetem a livre disposição de bens" e as providências decretadas nesses procedimentos. Ficam, portanto, abrangidas as ações, decisões e as providências cautelares que basicamente respeitem aos imóveis.

ii) – No tocante aos princípios, cabe salientar o aperfeiçoamento do princípio da prioridade com a revogação do nº 2 do artº 6º e a integração do nº 4. Foi também reformulado o artº 8º que, relativamente à impugnação dos factos registados, veio estabelecer a presunção (inilidível) do pedido de cancelamento do registo. Saliente-se ainda a alteração dos artigos respeitantes ao trato sucessivo (artºs 34º e 35º) e ao princípio da legalidade, que introduziu a obrigatoriedade de verificação da identidade do prédio. Mas foram sobretudo aditados três princípios essenciais: o da inscrição oficiosa de factos constituídos simultaneamente com a aquisição (previsto no artº 97º/1) e os dois que integram o processo aquisitivo: o da legitimação dispositiva (artº 9º) e o da obrigatoriedade de registar (artº 8º-A).

Apesar de todos estes indiscutíveis avanços – manifestamente inovadores e progressivos –, surgiu, qual "ovelha negra" legislativa (perdoe-se a expressão), o nº 4 do artº 5º (aditado pelo DL nº 522/99, de 11/12) o qual "pretendeu" generalizar a consagração legal do (retrógrado) conceito restrito de terceiro. Todavia, uma lúcida corrente da jurisprudência veio chamar a atenção para o carácter *meramente interpretativo* daquele nº 4[12], subsistindo como norma básica a do nº 1 desse artigo. Esta posição jurisprudencial veio permitir – parafraseando MENEZES CORDEIRO – que não tivéssemos ficado com o Registo Predial "mais arcaico da Europa", superando, assim, aquela "ovelha negra".

[12] Como é dito em alguns acórdãos do STJ (consultáveis em www.stj.pt/jurisprudencia/basedados). Cite-se o Acórdão de 23-01-2001 (MOITINHO DE ALMEIDA) que conclui: "O n.º 4 do art.º 5 do CRgP, introduzido pelo DL n.º 533/99, de 11/12, é norma interpretativa, que se integra na lei interpretanda, não se verificando qualquer das ressalvas previstas no art.º 13, n.º 1, do CC"; e o Acórdão de 01-06-2006 (PEREIRA DA SILVA) que, a propósito do conceito restrito de terceiro, refere: "(...), tendo recebido consagração no n.º 4 do art. 5.º do CRgP, com a redacção que lhe foi dada pelo DL n.º 533/99, de 11 de Dezembro, norma de natureza interpretativa".

iii) – A propósito dos vícios do registo cabe muito sucintamente referir que foi criada a figura da "inexatidão do registo" cujo conceito passou a incluir as deficiências provenientes do próprio título, acrescendo aos casos de registo lavrado em desconformidade com o título, o que veio permitir que o registo pudesse ser retificado sem necessidade de que o título tivesse necessária e previamente de ser alterado. Foi também prevista a possibilidade de *confirmação* do registo já lavrado sem os devidos requisitos quando se conclua que podia ter sido efetuado, bem como a invocação de falsidade dos documentos feita pelos interessados na própria conservatória, com a consequente anotação ao registo e respetiva comunicação ao Ministério Público.

iiii) – No que respeita à organização do registo as alterações foram igualmente profundas, desde a abolição das regras de competência territorial até à já referida informatização dos suportes documentais: livros e fichas destinadas a todos os atos de registo: descrições, inscrições, averbamentos e anotações. Foi aditado um capítulo alusivo às "referências matriciais e toponímicas", que englobou a relevante matéria da conjugação das descrições com as matrizes prediais e os títulos, bem como a das alterações toponímicas.

v) – Quanto ao processo de registo simplificaram-se todos os procedimentos, com realce para os casos de representação (sendo o mandato presumido para advogados e solicitadores), assim como para os pedidos de registo que, além de poderem ser efetuados pessoalmente, também se admitiu a possibilidade de o serem por correio ou por via eletrónica.

vi) – No que toca à prova documental, foram permitidas, para titular registos provisórios de aquisição ou de constituição de hipoteca voluntária antes de formalizado o negócio jurídico, simples declarações do proprietário ou do titular do direito com a assinatura do declarante reconhecida presencialmente perante o funcionário do registo. Foi outrossim admitido que o acto seja promovido através da internet, com recurso a meios eletrónicos que permitam determinar a identidade do interessado ou do apresentante.

vii) – Incluíram-se na previsão do artº 2º os registos das operações de transformação fundiária e das suas alterações feitos com base no alvará, no recibo de admissão da comunicação prévia ou outro documento que legalmente comprove os factos e identifique os lotes ou parcelas.

viii) – Foi ainda previsto o cancelamento do registo de apreensão de bens em processo penal com base em certidão judicial que o comprove. Outra inovação importante foi a que, relativamente ao cancelamento do registo de penhora ou de providências cautelares, estipulou que nos casos de adjudicação ou de venda judicial em processo de execução de bens penhorados ou arrestados, *só depois* do registo daqueles factos é que se passaram a poder efetuar os cancelamentos, para evitar que o adquirente fique defraudado na aquisição (recorde-se que a aquisição é consequência da penhora anteriormente inscrita).

ix) – A apresentação foi simplificada e admitida a efetuada por via eletrónica ou por correio. Também no caso do pedido de registo merecer qualificação desfavorável, o Código previu o "suprimento de deficiências", de modo que, sempre que possível, as omissões ou desconformidades do processo de registo possam ser supridas oficiosamente e as faltas a que a conservatória de todo não consiga obviar, são comunicadas ao interessado por escrito, por correio eletrónico ou sob registo postal, para que este, no prazo de cinco dias, proceda ao suprimento. Só se o não fizer é que então o registo será lavrado como provisório ou recusado. Mesmo depois de feita a apresentação é permitida a desistência quando existir deficiência que motive a recusa.

x) – O prazo para a feitura dos registos foi bastante reduzido, passando a ser de 10 dias e ainda, nos casos de justificada urgência, o prazo máximo é de um dia.

xi) – Os actos de registo obtiveram aperfeiçoamentos de vária ordem, designadamente, quanto às descrições, instituíram-se as descrições subordinadas para identificar frações autónomas ou frações temporais. Previu-se a abertura de nova descrição no caso da anexação de prédios e bem assim outras melhorias que é desnecessário especificar, até porque as mais significativas alterações tiveram lugar a respeito das inscrições.

xii) – Quanto a estas, temos o caso da oficiosidade prevista no nº 1 do artº 97º (a que nos iremos referir), da inscrição do usufruto e da nua propriedade e principalmente das provisoriedades por natureza estabelecidas no nº 2 do artº 92º, destacando-se a da al. b) que permitiu ligar a vigência de registos de factos conexos – dependentes ou incompatíveis –, com as consequentes oficiosidades de conversão ou de cancelamento, de harmonia com o que ocorrer relativamente àquele de que dependem ou em relação ao qual são incompatíveis.

xiii) – No que diz respeito às subinscrições, foram aditados casos em que era adequado submete-los a esse regime e, quanto aos averbamentos em geral (que consabidamente visam alterar o conteúdo dos registos: descrições e inscrições), como o sistema informático permite, o seu conteúdo ingressa logo no texto do registo em causa, de modo a permitir que a situação jurídica fique imediatamente atualizada. Mas se alguém quiser saber a "evolução" que teve, basta solicitar o "histórico" desse registo.

xiiii) – Outras benéficas alterações dizem respeito aos meios de prova dos registos e à criação das "bases de dados do Registo Predial" e das certidões *online* e permanente. Foi instituída a entrega gratuita da certidão de cada acto de registo solicitado e às bases de dados atribuída a tarefa de "organizar e manter atualizada a informação respeitante à situação jurídica dos prédios, com vista à segurança do comércio jurídico" (artº 106º). As notificações e publicações legais passaram a poder ser feitas na internet.

xx) – Há ainda as modificações de procedimentos que não constam do Código, mas sim de diplomas avulsos, especialmente do citado Dec-Lei nº 116/2008, que visaram facilitar os actos e o acesso ao registo e à sua permanente atualização, como o referente às "operações especiais de registo" (caso das Soluções Integradas de Registo: SIR) e à "casa pronta".

3.2 – Não cabendo no âmbito deste estudo fazer uma completa análise das transformações que o Registo Predial sofreu, julgo que apenas as sumariamente referidas já permitem qualifica-lo como *novo*.

Ao que me é dado perceber, o legislador pretendeu – e, ao que penso, conseguiu[13] – que a sempre fundamental *realidade substantiva*

[13] É evidente que, quanto a qualquer objetivo, nunca se pode proclamar que foi alcançado de forma *absoluta*. No entanto, tanto quanto é usual considerar-se (à exceção dos que continuam a entender que "o registo não dá nem tira direitos") a reforma da Registo Predial foi globalmente *bem conseguida*.

transparecesse na *realidade tabular* e que, para tanto, esta estivesse não só constantemente atualizada, como facilmente disponível, quer *online*, quer através de certidões (pedidas verbalmente ou por escrito), quer ainda por acesso às bases de dados.

4 – No tocante às finalidades do Registo, compreendendo as especificadas na lei, são hoje bem mais completas e complexas do que o eram ao tempo da publicação do Código Civil (C.C.) e do Código do Registo Predial (CRPred.) de 1967 – que então foi atualizado para corresponder às inovações trazidas pelo C.C. –, não apenas porque o CRPred. de 1984[14] modificou decisivamente práticas e métodos, como também porque a reforma operada pelo referido Dec-Lei nº 116/2008, introduziu, além da *obrigatoriedade de registar*, a total informatização dos actos, a base de dados, o suprimento de deficiências e outras relevantes alterações que tiveram em vista à modernização dos suportes documentais e o ajustamento dos procedimentos à época contemporânea.

4.1– Em quase todos os manuais de Direitos Reais se diz que a finalidade do Registo Predial é a de *dar publicidade aos direitos sobre imóveis*. No entanto, devemos acentuar que, desde 1984, tanto aquela finalidade deixou de ser unicamente referente aos Direitos Reais, como ainda que o avanço técnico-jurídico do Registo Predial passou a constituir uma realidade indesmentível, tendo levado o legislador a atribuir-lhe diversas outras funções.

Insisto em que a finalidade Registo Predial desde 1984 deixou de ser básica e exatamente a "publicitária" por diversas razões:

A primeira – e a fundamental – é que a pretérita legislação, que deu origem a tal asserção, *mudou* e mudou substancialmente. Uma outra é a de que a publicitação de Direitos, que se continua a inscrever nos seus fins, também está hoje em dia longe de se confinar aos Direitos Reais.

[14] Doravante, quando referirmos "Código" queremos aludir ao atual Código do Registo Predial de 1984 e ao indicar artigos da lei, sem mencionar a sua proveniência, é porque nos reportamos aos deste Código de 84.

Digo que a legislação alterou porque em todos os diplomas legais que precederam o atual Código de 1984, como foram, designadamente, os de 1959 e de 1967 – este, que após a publicação do Código Civil vigorou praticamente intocado durante largos anos –, dizia-se que o Registo tinha por finalidade – cito – "dar publicidade aos direitos inerentes às coisas imóveis". E a *epígrafe* do artigo 1º desse e dos anteriores códigos referia: "finalidade do registo". Repito: "finalidade", expressão claramente formulada pelo legislador no *singular*.

Todavia, a lei foi alterada. Antes, mas sobretudo depois do Código de 83 foram apresentadas diversas sugestões, após o que o Ministério da Justiça aceitou rever esse diploma e nomeou uma Comissão[15] com o fim de elaborar um novo Código, que é o atual. Neste, logo no artº 1º, a epígrafe do preceito passou a ser "fins do registo". Note-se: "fins", agora referenciados textual e claramente *no plural*. Quer dizer: o Código consagrou, na própria qualificação epigráfica do preceito, *uma forma plural* indicativa de que *as finalidades* do Registo se multiplicaram, extravasando aquele anterior, *único* e ancestral objetivo *publicitário*. Depois, o artigo esclarece, por um lado, que esse objetivo se refere agora, *amplamente*, à "situação jurídica" dos prédios e não, como na anterior redação, tão-só "aos direitos inerentes às coisas imóveis" (ou seja, aos Direitos Reais) e ainda – creio que manifestamente o mais significativo de tudo – pela expressa disposição deste artº 1º, o Registo *passou a ter em vista obter* (cito novamente) "a segurança do comércio jurídico imobiliário", que é agora, explicitamente, a nova e mais relevante finalidade legal, a que não podemos deixar de conferir o imprescindível *conteúdo e relevo*[16].

Vemos que, após aqueles trabalhos preparatórios, a alteração da lei no tocante às finalidades do registo – alteração que não se circunscreveu ao artº 1º – foi pensada e profunda e, evidentemente, não podemos silenciá-la, como inexplicavelmente ainda acontece. Com esta observação

[15] Esta Comissão foi constituída por três conservadores, além de Branca Amaral (que presidiu), que, com Isabel Mendes, logo após a publicação do Código (ainda em Outubro de 1984) tiveram a feliz ideia de o publicar, anotado (Cf: AMARAL, Branca e MENDES, Isabel Pereira – *Código do Registo Predial, Anotado*. Coimbra: Almedina, 1984).

[16] A segurança do comércio jurídico imobiliário é matéria sobremaneira importante, pelo que, mesmo rapidamente temos de a abordar. Fá-lo-emos no § 2º deste capítulo na qual também aludiremos ao tema de certo modo conexo referente à função económica dos registos.

tenho procurado realçar que é incongruente e inexato continuar a repetir a antiga conceção do fim meramente publicitário, visto que isso não é exato, além de que a expressão se tornou ambígua e frequentemente não é utilizada no pertinente sentido jurídico[17].

Ademais, afigura-se-me que as expressões publicitário e publicidade são atualmente ainda mais inapropriadas. Tendo já refletido sobre o tema, pude noutros escritos mostrar que não se trata de uma *publicidade* no sentido de uma divulgação de conteúdos, nem tão-pouco de uma disseminação noticiosa, habitualmente conhecida como publicidade-notícia.

O Registo Predial é um Instituto – e um "instrumento" – que permite a *cognoscibilidade,* quer dizer, que tem a aptidão de proporcionar a todos, e concretamente a quem procure, a *possibilidade do conhecimento* da "realidade jurídica", ou seja, dos factos e das situações jurídicas respeitantes aos imóveis[18], com o primacial fim de proteger as transações imobiliárias. Para tanto, carece de produzir *efeitos* com expressão e valor jurídicos.

Não se trata, pois, de uma publicidade no sentido habitual do termo, como há anos bem percebeu Carlos Ferreira de Almeida. Este Autor começa por apresentar um conceito *amplo* de publicidade, esclarecendo que é o "*conhecimento ou cognoscibilidade pelo público, atingida por meios específicos e com a intenção própria de provocar esse conhecimento*". Depois, indica que há uma noção mais restrita, quando tais meios representam "uma actividade própria de uma entidade destinada tipicamente àquela

[17] Num clássico estudo sobre o tema que Sequeira Martín publicou na "Revista Crítica de Derecho Inmobiliario", disse este Professor madrileno: "A publicidade em sentido jurídico consiste no conjunto de técnicas dispostas pelo legislador com a finalidade de tornar manifestas determinadas situações de transcendência jurídica" [cita, a propósito, Pugliatti e Hernandez Gil]. Antes tinha observado: "A cognoscibilidade ou possibilidade de conhecimento, não é o concreto conhecimento. O conhecimento é um facto que requere uma atuação individual e concreta, enquanto que a publicidade ao que tende é que essa possibilidade exista de forma generalizada, Seu elemento integrador é, portanto, a possibilidade de conhecimento e não o conhecimento efetivo" (Cf: SEQUEIRA MARTÍN, Adolfo J., *Aproximação ao conceito de publicidade registral e sua eficácia,* em "Revista Crítica de Derecho Inmobiliario (RCDI)", Ano LXIV, nº 589, Madrid 1988, respetivamente p. 1865 e 1864).

[18] Cf: ALMEIDA, Carlos Ferreira de – *citada Publicidade e Teoria dos Registos,* p. 13. Nesta clássica obra o Autor começa por analisar o problema específico do *conhecimento,* referindo que em sentido restrito ele se coloca "quanto à comunicação de objectos jurídicos" (*idem,* p. 9).

função", utilizando, como um serviço do Estado, adequados meios técnicos. Haverá então uma publicidade organizada "como *conhecimento ou cognoscibilidade através dos registos públicos*"[19].

4.2 – Os registos são, por conseguinte, *instrumentos técnicos*, concebidos para *tornar públicos* e *salvaguardar* os direitos, *identificar* as *situações jurídicas* e também permitir que o público em geral tenha acesso *à informação* que deles consta. E, uma vez verificada a sua idoneidade, o legislador considerou (acertadamente) que esta informação deveria englobar a presunção de ser considerada *válida*, *verdadeira* e *exata*[20].

Importa salientar que a *cognoscibilidade pública* dos direitos inscritos no Registo permite superar a necessidade da demonstração concreta de que efetivamente foram sabidos tanto pelos interessados como por quaisquer pessoas, o que é manifestamente relevante para o mercado imobiliário e para o próprio "funcionamento eficiente do sistema económico"[21].

Quando é celebrado o acto ou o negócio jurídico ele é necessariamente conhecido pelos que nele intervieram, mas permanece estranho para todos os que nele não participaram nem tiveram qualquer interferência. No entanto, uma vez que o acto ou negócio imobiliário

[19] Cf: ALMEIDA, Carlos Ferreira de – *citada Publicidade e Teoria dos Registos*, p. 50.

[20] O que é muito relevante: a certeza sobre a situação jurídica dos prédios é essencial para a realização das *transações* imobiliárias com fiabilidade, estabilidade e segurança, bem como para o *crédito hipotecário*, que poderá ser tanto mais facilitado, eficiente e barato (como se demonstra pelo facto das taxas de juro serem menores) quão mais aperfeiçoado e garantido for o sistema de registo (Cf: MÉNDEZ GONZALEZ, FERNANDO. *Registro de la propiedad y desarrollo de los mercados de credito hipotecario, in* "Revista de Direito Imobiliário (RDI)" Vol. 81 julho – dezembro 2016 e em http://www.mpsp.mp.br/portal/page/portal/ documentacao_e_divulgacao/doc_biblioteca/ bibli_servicos_produtos/bibli_boletim/bibli_bol_2006/RDImob_n.81.20.PDF).

[21] A frase é de FERNANDO MÉNDEZ GONZALEZ, no artigo citado na nota anterior (*Registro de la propiedad y...*). Com efeito, na época contemporânea da "sociedade de informação", em que se vulgarizou a contratação eletrónica, os registos públicos têm uma importância crescente – praticamente *indispensável* –, visto que é sobretudo com base na sua fiabilidade que se pode oferecer e transmitir confiança aos contraentes, dando a garantia pública essencial para promover a própria concretização dos negócios jurídicos. A *segurança documental*, bem como a dos *dados constantes dos registos* constituem hoje (como repetidamente venho salientando) *alicerces* absolutamente necessários para o incremento das relações jurídico-comerciais e para o progresso económico. Ademais, as próprias instituições internacionais exigem constantemente que se façam registos de diversos factos.

fique inscrito no Registo Predial, passa a ser *público* e, por conseguinte torna-se manifesto e *oponível erga omnes.*

Sendo a documentação autêntica de essencial importância para a certeza e segurança dos atos e das relações jurídicas prediais, a verdade é que somente *através do título* – qualquer título, incluindo o judicial – o conhecimento e a oponibilidade desses mesmos atos e relações é, por regra, apenas ostensivo para as partes. Além disso, depois de lavrado o título, podem ocorrer novas situações que alterem o seu conteúdo. Por isso, para que possa ser conhecido por todos os outros de modo atualizado e também ser-lhes *oponível*, torna-se necessário que o conteúdo do documento se torne *publico* através de um meio idóneo – o que se verifica se for *registado* em instituição qualificada para tal fim.

Contudo, quando se diz que esse organismo estatal torna o título *público* quer-se apenas dizer que o seu conteúdo fica a *poder ser conhecido do público*, mas não que tal organismo dele faça (ou que pretenda fazer) qualquer espécie de divulgação ou propagação. Mesmo no que toca à própria *cognoscibilidade* cabe notar que hoje em dia tem as suas regras e restrições. Ao tempo em que existiam livros de registo a lei permitia que *qualquer pessoa* pudesse consultar o que deles constava (artº 261º do Código de 1967). Presentemente, *todos* os registos estão informatizados e constam das "bases de dados" (artºs 106º e ss.[22]), mas a consulta dos mesmos *só pode ser feita* pelos funcionários da repartição (artº 105º). No que respeita ao conceito do "caráter público do registo" está esclarecido no artº 104º que diz o seguinte: "Qualquer pessoa pode pedir certidões dos atos de registo e dos documentos arquivados, bem como obter informações verbais ou escritas sobre o conteúdo de uns e de outros". No entanto, deve dizer-se que as certidões são pagas e mesmo as "não certificadas", que têm o mero valor de *informação*, também o são, embora com diminuto emolumento.

Quanto às certidões, também na sequência do aludido Dec-Lei nº 116/2008, foi publicada a Portaria nº 1513, de 23/12 (hoje com a redação da Portaria n.º 286/2012, de 20/09) que criou a "certidão permanente",

[22] Foi o Dec-Lei n.º 533/99, de 11/12 que deu a atual redação a estes preceitos e a ulterior Portaria nº 54/2011, de 28-01 (com a redação da Portaria 358/2015, de 14/10) que instituiu a "informação predial não certificada", disponibilizada online e de custo muito reduzido.

disponibilizada *online*. Outro tanto acontece com a informação predial. Ou seja: é possível ao comum das pessoas aceder ao conhecimento do conteúdo dos registos e pelos atuais meios informáticos, mas esse acesso *é regulamentado* e feito através dos funcionários.

Por outro lado, as bases de dados guardam e conservam todo do conteúdo dos registos e a sua finalidade é, nos termos do referido artº 106º, "organizar e manter atualizada a informação respeitante à situação jurídica dos prédios, com vista à segurança do comércio jurídico, nos termos e para os efeitos previstos na lei".

Deste modo, persistir a dizer-se que o fim do Registo Predial é a publicidade dos Direitos Reais é manifestamente uma ideia desatualizada[23]. Presentemente, o seu fim é a *cognoscibilidade* de uma multiplicidade de direitos (além dos Direitos Reais) sobre os imóveis e, se nos apoiarmos nos textos legais – não apenas no do artº 1º e no supracitado artº 106º, mas vários outros, incluindo em diplomas avulsos como o aludido Dec.-Lei 116/2008 –, temos de concluir que é *também* primordial finalidade do Registo Predial inscrever – consignar *in tabulae*[24] – a "situação jurídica dos prédios, com vista à segurança do comércio jurídico".

Este essencial objetivo, que se mostra indispensável na era da contratação eletrónica, em que muitos contraentes nem se conhecem, é geralmente acolhido pelos juristas, menos por uma parte da jurisprudência que o tem continuado a menosprezar e criticar, senão mesmo a recusar.

4.3 – Como se disse, os direitos que atualmente o Registo Predial visa acautelar e tornar oponíveis, não se circunscrevem, como outrora, aos Direitos Reais, pois, de harmonia com o disposto no artº 1º, trata-se da "situação jurídica dos prédios". Para exemplificar o que digo, menciono apenas, para abreviar, os casos de registo do contrato-promessa

[23] Esta ideia, que se afigura desatualizada, *é a normalmente referida* por quase todos os Autores, mesmo por aqueles que reconhecem o papel medular do Registo Predial. A mero título de exemplo cito o que, a propósito, diz José Alberto Vieira: "a finalidade da instituição do Registo Predial é dotar a ordem jurídica de um dispositivo organizado que permita a qualquer interessado aferir da existência e titularidade dos direitos reais que incidam sobre os prédios"(Cf: VIEIRA, José Alberto *Direitos Reais*. Coimbra: Coimbra Editora, 2008, p. 267).

[24] Utilizamos aqui a tradicional e ampla expressão latina e não o termo *inscrição*, visto que há determinados factos que são registados por "averbamentos especiais" (artº 101º/1), denominados subinscrições.

de alienação meramente obrigacional, os diversos factos relativos aos direitos administrativo e do urbanismo, com particular ênfase para o loteamento urbano – que, como é sabido, faz parte do quotidiano de muitas conservatórias –, e bem assim de vários outros factos, incluindo algumas ações não reais, como é o caso da ação pauliana, que ficou expressamente prevista no artº 3º do Código. Em suma: a lei passou a querer que o Registo Predial desse a conhecer a verdade sobre *qualquer* inscritível "situação jurídica dos prédios"[25] e não, como anteriormente (reitero) apenas a de "dar publicidade aos direitos inerentes às coisas imóveis".

Além de tudo isto, foi introduzida a que julgo ser uma essencial finalidade do Registo Predial que, apesar de não estar contemplada na citada ampla previsão do artº 1º, resulta, no entanto, do conjunto das suas atuais disposições – com realce para as dos arts. 8º-A e 9º –, e respeita ao fundamental *processo aquisitivo de direitos*. Todavia, como este é um tema autónomo, referi-lo-ei noutro número. Por ora, e apenas pelo que de modo sumaríssimo mencionei, parece que se pode consistentemente concluir que é *errado* continuar a defender o fim instrumental e basicamente publicitário do Registo, sem ter em consideração as sucessivas alterações da lei e o fator diacrónico dos objetivos subjacentes a tais alterações, ou seja, a própria evolução das suas funções – evolução (ou, quiçá melhor, revolução) que *alterou o tradicional paradigma do Registo Predial* – principalmente para tentar "dar resposta" às circunstâncias atuais que impositivamente se verificaram, e continuam a verificar, na sociedade, *maxime* pelo advento da tão realçada "sociedade digital" contemporânea.

Foram adotadas novas normas, criados renovados procedimentos e ainda um *outro modelo* de Registo Predial, principalmente com vista a

[25] SEABRA LOPES diz, a meu ver acertadamente, o seguinte: "A possibilidade de conhecer com verdade a situação jurídica de pessoas e coisas constitui elemento essencial à confiança no estabelecimento de relações jurídicas e consequentemente à confiança na vida em sociedade" E, no parágrafo seguinte, acrescenta: "A estabilidade económica e social reclama de facto a disponibilidade de mecanismos que garantam a possibilidade de conhecimento das situações jurídicas, de um conhecimento *qualificado* que permita obter uma *certeza jurídica*" (Cf. LOPES, JOAQUIM SEABRA: *Direito dos Registos e do Notariado*, 7ª ed., Almedina, 2014, p. 9).

potenciar aquela resposta. Como necessária consequência de tudo isto e em especial face aos atuais preceitos e aos objetivos do legislador, dever-se-á concluir que *a segurança do comércio jurídico imobiliário passou a ser o primordial fim do Registo Predial*[26], com o simultâneo efeito da sua indispensabilidade nas atinentes transações e onerações de imóveis e na economia em geral. Creio que este ponto merece redobrada atenção e, por isso, adiante retomá-lo-ei.

5 – Quanto aos fins do Registo, recordei que no "Curso de Direitos Reais" Rui Pinto Duarte aponta diversas finalidades que o atual Registo Predial prossegue e que aqui não pormenorizarei, limitando-me a sugerir a oportuna consulta dessas lições[27].

Todavia, embora podendo haver quem entenda que não se confirmam todos esses outros objetivos – que, como este Professor refere, foram também indicados pelo *Conselho Económico e Social das Nações Unidas*[28], o que obviamente tem um enorme relevo –, é hoje indiscutível que o sobredito desígnio da *segurança do comércio jurídico imobiliário* passou

[26] Recorde-se que, depois da citada alteração do artº 1º do CRPred. (e de outras referências que ora não irei pormenorizar) o mais significativo diploma que introduziu profundas alterações ao Registo Predial, incluindo a obrigatoriedade de registar, foi o aludido Dec-Lei nº 116/2008, cujo Preâmbulo, que adiante revisitaremos, esclarece que se *pretendeu reforçar a segurança no comércio jurídico imobiliário.*

[27] Diz este Professor que, além dos indicados fins, "contribui, pelo menos, para: – a garantia do direito de propriedade (entendido em sentido amplo); – a tributação da riqueza imobiliária; – a garantia do crédito;– a eficácia prática das decisões judiciais relativas a imóveis;– o desenvolvimento dos mercados imobiliários;– a proteção dos imóveis públicos:– a facilitação das reformas fundiárias;– a promoção do desenvolvimento imobiliário;– a promoção do planeamento urbanístico e das infraestruturas;– a promoção da gestão ambiental;– a produção de dados estatísticos." (Cf. DUARTE, Rui Pinto: *Curso de Direitos Reais*, 4ª ed. rev. e aum.Parede:"Principia", 2020, p. 203. Na sua outra obra *O Registo Predial* o Autor, citando o artº 1º do Código, aponta diferentes finalidades (*vide:* cit. *O Registo Predial*, pp.29/30):

[28] Esta referência consta igualmente do ponto '8' (com a epígrafe "A relevância do registo predial") de um trabalho do Professor, publicado no nº 1 da "Revista do Notariado". A frase textual é: "Os registos públicos dos imóveis são indispensáveis ao desenvolvimento social, como o Conselho Económico e Social da Nações Unidas sumariou num dos documentos em que abordou o assunto (em nota indica que é o documento intitulado *Social and Economic Benefits of Good Land Administration (HBP/1998/8*, em www.un.org.docs/ecosoc) um sistema de registo predial contribui, pelo menos, para:..." E seguidamente referem-se as outras finalidades indicadas na nota anterior (Cf. DUARTE, Rui Pinto: "A reforma do registo predial de Julho de 2008", *Revista do Notariado*, nº 1, Maio de 2009, pp.5-33. A citação é da p. 28).

a estar explicitamente consignado no Código de 84 e foi até sublinhado e "revigorado" pelo citado Dec-Lei nº 116/2008. O legislador reconheceu-o porque no já citado preâmbulo deste Dec-Lei disse expressamente o seguinte: "adopta-se um sistema de registo predial obrigatório, potenciando a coincidência entre a realidade física, a substantiva e a registral e contribuindo, por esta via, para *aumentar a segurança no comércio jurídico de bens imóveis*" (itálico nosso).

Deste modo, resulta fundamental que este novo propósito legislativo não seja ignorado ou depreciado, mas antes valorizado e *reconhecido* – mormente pela nossa Jurisprudência – visto que é esse reconhecimento que possibilita não só a sua efetivação prática, como a consequente autoconfiança do mercado imobiliário, cuja importância social e económica é bem conhecida.

Em Espanha, onde o sistema registral tem grandes semelhanças com o nosso[29], o "Tribunal Supremo" reconheceu (após as decisões de 5 de março e de 7 de dezembro de 2007) os efeitos da "fé pública registral"[30] e "do que parece mais acertado denominar *incorporação tabular ou registral* do direito"[31].

Gómez Gálligo e Del Pozo Carrascosa no manual *Lições de Direito Hipotecário* também apontam as seguintes finalidades do Registo:

1ª – A *segurança jurídica* dos direitos e do tráfico imobiliário

2ª – O *fomento do crédito* (...)

3ª – Contribuição para *evitar a usura e a fraude* (...)

[29] É sabido que a nossa Lei Hipotecária (L.H.) de 1863 foi *inspirada* na L.H. espanhola de 1861. Note-se, em breve aparte, que "principalmente [se acolheram] os princípios da *publicidade* e *especialidade*, basilares no *sistema germânico*, que a Lei Hipotecária Espanhola – a melhor da época – já adoptara" (Cf.. CARDOSO, Artur de Castro Pereira Lopes – *Registo Predial, Sistema-Organização-Técnica-Efeitos*. Coimbra: Coimbra Editora, 1943, p. 6).

[30] No que concerne aos efeitos substantivos e ao conhecido artº 34º da L.H. espanhola, as diferenças (e as diferenças de intenção do legislador) em relação ao artº 291º do C.C. [apesar do "compasso de espera" dos 3 anos lá continuar, sem que se perceba muito bem porquê] e ao artº 17º/2 do CRPred. não me parecem decisivas para a existência, ou não, da fé pública registral. Esta busca a sua *racio* essencialmente no artº 7º do CRPred.

[31] As citações constam do livro de: MÉNDEZ GONZÁLEZ, Fernando, *De la Publicidad contractual a la titulación registral: El largo proceso hacia el Registro de la Propiedad*. Pamplona: Thomson: Civitas, 2008, p. 233.

4ª – Uma finalidade cautelar (...) que pode evitar possíveis conflitos entre as partes de um negócio.

5ª – *Agilidade da contratação* (...)[32].

Outros, como Benito Arruñada e Fernando Méndez Gonzalez, destacam a função económica dos registos (adiante referida) e o papel que os sistemas avançados desempenham principalmente no mercado imobiliário e no crédito hipotecário[33].

Verifica-se, assim, que reputados Autores que estudaram o Registo Predial reconhecem que, além das suas primordiais e referidas finalidades, desempenham várias outras que se mostram úteis, ou mesmo indispensáveis, na sociedade atual.

5.1 – Em síntese: importa considerar que os direitos sobre os imóveis se registam – e *têm* de se registar – não apenas ou principalmente para poderem ser conhecidos por todos, mas para que quem celebre um negócio jurídico possa ter a crucial *garantia* e *confiabilidade* de que tais direitos *são os que realmente existem e que se acham assumidos pelo Ordenamento.* Destarte, é apenas essa efetiva *segurança jurídica*, bem como a *confiança* que dela decorre e lhe é inerente, que manifestamente possibilita a estabilidade negocial e a diminuição da conflitualidade, além da concretização do desenvolvimento económico, tema que adiante se irá mencionar.

Na nossa atual Sociedade da Informação – que é também da globalização e da pressa exigente – o que se afirmou atingiu foros de *irrefutabilidade.* Recordamos, a propósito, que cada vez mais se obriga, inclusivamente em regulamentos e diretivas comunitárias, que sejam imediatamente feitos registos informatizados referentes a diversos

[32] Cf. GÓMEZ GÁLLIGO, Francisco Javier y DEL POZO CARRASCOSA, Pedro: *Lecciones de Derecho Hipotecario*: Madrid, Marcial Pons, 2006, p.18.

[33] Cf: ARRUÑADA SÁNCHEZ, Benito – *Sistemas de titulación de la propiedad.* Lima: Palestra Editores, 2004 MÉNDEZ GONZÁLEZ, Fernando: *A função econômica da publicidade registral*, em português, consultável em .). Adiante, no ponto 9.4 pormenorizaremos estas citações.

assuntos[34] e que os mesmos contenham as menções consideradas relevantes e ainda que sejam acreditáveis e internacionalmente atendíveis.

Assim, também sob esta perspetiva, não é esclarecido, nem atual, continuar a sustentar que o nosso Registo Predial é de escassa valia, meramente declarativo, não tem interferência alguma na aquisição dos bens, não é suporte do direito imobiliário, enfim, que pouco vale. Parece-me que essas considerações, ainda que no passado pudessem ter alguma ocasional explicação, hoje em dia *já não são verdadeiras*. Na realidade, como se tentará demonstrar, o novo Registo Predial constitui presentemente a base da nossa ordem jurídica imobiliária.

§2º

1 – Apesar dos "novos tempos", no que toca à aquisição de direitos sobre imóveis –Direitos Reais e outros, especialmente os previstos nos art.ºs 2º e 3º do CRPred. – tem sido sistematicamente enunciado que, em face do nosso Direito substantivo (e do disposto no artº 408º/1 do C.C.), os imóveis se adquirem em consequência de *um acto* a que a lei atribui tal virtualidade. Discordo desta habitual opinião – e à crítica dela voltarei a propósito do consensualismo –, mormente por pensar que *só é relevante* uma aquisição que seja produtora de efeitos e não uma aquisição que nasce ineficaz.

Concretizemos: se um comprador celebra uma escritura pública de compra de imóvel que aquando da sua elaboração nunca foi instruída com qualquer referência ao registo do prédio e também, se depois de outorgada, nunca baseou registo algum, poder-se-á dizer que na esfera jurídica do comprador nasceu o "arremedo" de um direito de propriedade, mas não *este direito* com o seu conteúdo (artº 1305º do C.C.) que envolve uma plenitude de direitos, *maxime* o de dispor, ou seja, o direito à sua efetiva e *legal* transmissão[35].

[34] Não apenas os mais conhecidos – registos de identificação criminal, de eleitores, de associações –, mas muitos outros que sucessivos regulamentos e diretivas têm imposto e que aqui se torna supérfluo enumerar.

[35] Menezes Cordeiro *in* "Direitos Reais" dedica um número (nº 234) com a finalidade de ensinar que existe "a regra geral da transmissibilidade dos direitos reais", começando por explicar:

Com efeito, esse adquirente só pode dispor – à luz do disposto do artº 54º/2 do Cód. do Notariado (C.N.) e 9º do C.R. Pred. – se comprovar, através do registo, que está *legitimado* para tanto por ter o prédio registado em seu nome.

Por isso, embora a generalidade dos autores sustente que o direito de propriedade *nasceu* com aquele acto que titulou a transmissão, creio que, embora nisso se acredite, esse nascimento foi como (perdoe-se a analogia) o de um nascido que logo ficou em morte letárgica [se fosse no sistema germânico, consabidamente, nem *nascido* seria], visto que o direito de propriedade do qual não é possível legalmente dispor *não tem o conteúdo nem preenche os requisitos legais do próprio conceito de "propriedade privada"*, como também decorre do artº 62º da Constituição, preceito que, assim como o artº 1305º do C.C., evidencia que o direito de propriedade *contém o direito de disposição*, ou seja, o direito "à sua transmissão". Ora, se sem o registo *o direito não pode ser concretizado* porque, dada a ausência desse registo não ficou viabilizada a sua transmissibilidade – uma vez que "o transmitente não pode, *validamente*, celebrar o contrato, se não tiver o registo a seu favor"[36] –, penso que se deve concluir que legalmente não tem as condições de *existência eficiente* ou seja, não tem existência *prática*.

Do que se disse resulta que se deve distinguir entre o *nascer* – e duvido que o nascimento ocorra com o acto titulador da transmissão[37] – e o passar a *existir plenamente* na Ordem Jurídica. E é isso que, designadamente para o nosso *sistema latino*, realmente importa.

"Podemos enunciar como *regra absoluta da nossa ordem jurídica* (...) *o princípio de que todos os direitos reais são transmissíveis seja «inter vivos», seja «mortis causa»*. É a própria constituição patrimonial privada que o impõe, como resulta do artigo 62º, nº1, da Constituição da República". (Cf: CORDEIRO, António Menezes: *Direitos Reais, 'Reprint'*, Lisboa: Lex, 1979, p.521). Identicamente Rui Pinto Duarte que dedica um número à *transmissão da propriedade entre vivos* e explica que o principal meio de transmissão é *o contrato* (*in* cit. *Curso*... pp. 58/60).

[36] A frase é de Menezes Cordeiro (Cf. CORDEIRO, António Menezes: *Evolução Juscientífica e Direitos Reais, in* "Revista da Ordem dos Advogados", Ano 45, p. 108. Em nota adiante voltaremos a este estudo).

[37] São diversos os motivos das dúvidas, No entanto, será noutro capítulo que me referirei à discordância quanto à atual subsistência de dois "velhos" princípios: o da liberdade de forma e o da consensualidade.

O princípio da legitimação dispositiva impõe, como regra geral, que o titulador (designadamente o notário[38]) verifique se o transmitente ou onerante está legitimado para dispor do imóvel por este estar definitivamente registado a seu favor. E mesmo os autores que entendem que a inobservância deste princípio não tem efeito quanto à validade substantiva do acto incorretamente lavrado, consideram, todavia, que o documentador se deve *recusar a praticá-lo* se não lhe for apresentada a sobredita prova registral[39]

O artº 9º do C.R.Pred. diz-nos que "os factos de que resulte transmissão de direitos ou constituição de encargos sobre imóveis não podem ser titulados sem que os bens estejam definitivamente inscritos a favor da pessoa de quem se adquire o direito ou contra a qual se constitui o encargo". Este princípio não constitui apenas, na sugestiva expressão de CARVALHO FERNANDES, "como que a *guarda avançada* do princípio do trato sucessivo, para cuja plena eficácia contribui". É também *um requisito legal* pois, como adiante esclarece, "o princípio da legitimação vai mais longe, porquanto *visa impedir a própria prática do acto a registar*"[40].

É evidente que aquele "não podem" – locução repetida no artº 54º/2 do C.N. – mostra a *imperatividade da lei* quando quis consagrar o princípio da legitimação dispositiva. E não há razão para contestar essa imperatividade pelo facto de os aludidos preceitos conterem exceções. É que, além de quase todos os princípios as conterem, estas *não negam* a necessidade da mencionada legitimação para dispor, mas simplesmente aludem a casos em que ela *já foi* verificada ou o *irá ser*, ainda que por outra via, nomeadamente a judicial. Em suma: para se poder dispor de um imóvel *é necessário* que ele esteja definitivamente inscrito a favor de quem pretenda titular o acto de disposição do mesmo e é no momento

[38] Quando foi introduzido o princípio alguns notários criticaram-no sobretudo por entenderem que era desnecessário, uma vez que, segundo afirmavam, verificavam sempre se os transmitentes estavam legitimados para a prática do acto. Todavia, a instituição de *princípio* está longe de ser supérflua, como em geral hoje se reconhece, principalmente depois de ter sido admitida a titulação por mero documento particular autenticado.

[39] É, entre outros, a opinião de JOSÉ ALBERTO GONZÁLEZ (Cf: GONZÁLEZ, JOSÉ ALBERTO: *Direitos Reais e Direito Registral Imobiliário*. 3ª ed. Lisboa: Quid Juris, 2005, pp. 363-365).

[40] Cf. FERNANDES, LUÍS ALBERTO CARVALHO – *Lições de Direitos Reais*. Lisboa: Quid Juris, 6ª ed., 2010, pp.123/124. (Na última frase itálico nosso).

da outorga do título (salvo nos casos excecionais indicados na lei) que a prova da legitimação para tanto tem de ser feita.

Irrecusável é que "os negócios jurídicos celebrados contra disposição legal de carácter imperativo são nulos, salvo nos casos em que outra solução resulte da lei" (artº 294º do C.C.). Quanto à violação da legitimação dispositiva, não vemos que das disposições legais decorra outro resultado. Por isso, parece que devemos concluir (ao invés da opinião habitualmente adotada, que no passado já foi a minha[41]) que se alguém outorgar um contrato translativo ou onerativo de imóvel violando as referidas normas imperativas (aqueles artºs 9º e 54º/2) pratica um acto nulo[42]. E a motivação jurídica e substantiva também resulta evidente: creio que é claramente louvável, porque vantajoso, o intuito do legislador. A lei, ao consagrar este princípio, mostra que quis *evitar* que fossem titulados actos (documentados com força probatória plena) que afinal, em si mesmos, podiam resultar nulos por o transmitente ou onerante carecer de legitimidade para tanto (v.g., entre outros, o artº 892º do C.C.).

Dadas todas as razões, parece que a ilação a tirar contraria o texto do artº 4º/1 (sendo que o "debate" sobre o artº 5º é de outro âmbito, embora não se possa olvidar o básico nº 1 e o carater meramente interpretativo do "insólito" nº 4). Todavia, o artº4º é uma norma rotineira (reproduz v.g. a dos artºs 6º dos Códigos de 67 e de 59) que a inércia

[41] Então entendia (tal como defendia o IRN) que a inobservância do princípio não colidia com a validade do acto titulado (dava lugar a sanção disciplinar) e neste sentido subscrevi alguns pareceres.

[42] É, ao que parece, a opinião de Menezes Cordeiro (Cf. CORDEIRO, António Menezes, *citada* Evolução Juscientífica e Direitos Reais, p. 108). O Autor, recordando que "o registo e o notariado" são "actividades jurídicas instrumentais em relação ao Direito material", mas, apesar disso, aludindo aos "efeitos condicionantes do registo" (artº 9º/1) refere em nota [nota (84)] que embora o registo, ao contrário do Direito alemão, não seja constitutivo, "ele torna-se *indiretamente necessário*: o transmitente não pode, *validamente*, celebrar o contrato, se não tiver o registo a seu favor (itálico nosso). Citamos ainda na anterior nota (14) a opinião de Carvalho Fernandes, considerando que o princípio da legitimação *visa impedir a própria prática do acto a registar.* No entanto, não tem sido este, o parecer prevalecente no IRN: v.g. no Procº nº 33/99 (*in* BRN nº 9/99) é dito que a transmissão "com infracção do princípio da legitimação (artº 9º, nº 1, do C.R.P.) não implica a invalidade do acto". Noutro parecer (o no Procº nº 1/95, *in* BRN nº 9/99) entendeu-se que quando não foi dado cumprimento no título ao citado princípio da legitimação, o correspondente registo *não pode ser lavrado definitivamente*, admitindo-se apenas que o seja provisoriamente por dúvidas. Mas se o registo não pode ser definitivo é porque há um obstáculo que o impede. E não é o referido *vício*?

do legislador deixou intocada, não obstante ter introduzido outras que lhe são posteriores, designadamente, em primeiro lugar a do artº 9º e depois a do artº 8º/1.

Consequentemente, existe *in casu* a denominada "antinomia normativa" que, como se recordou e explicou num conhecido Parecer da Procuradoria-geral da República[43], deve ser resolvida com base na "hierarquia, especialidade e cronologia" das normas conflituantes. Na hipótese, não são aplicáveis os critérios da especialidade e da hierarquia (em sentido estrito), uma vez que as disposições em causa estão inseridas no mesmo diploma, tendo, assim, igual grau hierárquico. Mas, pelo critério da cronologia parece que não restarão dúvidas de que os aludidos princípios da legitimação e da obrigatoriedade de registar (introduzidos pelas referidas normas) se têm de considerar cronologicamente ulteriores ao ancestral princípio prescrito no artº 4º (que até é precedente ao Código de 1959). Além disso, estes novos princípios *devem prevalecer*, mesmo porque se prendem com um outro fundamental: o citado e *constitucionalmente garantido* princípio da geral transmissibilidade dos Direitos Reais.

Revisitaremos este artº 4º no capítulo referente à caraterização do registo como declarativo ou constitutivo.

2 – Após a introdução dos princípios da legitimação dispositiva e da obrigatoriedade de registar já não parece razoável persistir na tradicional conceção de que a *aquisição dos Direitos Reais sobre imóveis*, designadamente a aquisição contratual, se concretiza e *se conclui* apenas no *acto* titulador.

No que diz respeito à legitimação dispositiva, para que a aquisição se realize regularmente, há uma imposição legal *anterior* à titulação e, no que toca à obrigatoriedade de registar, também necessariamente, um ónus que lhe é *posterior*. Isto é, a documentação manifesta-se, é certo,

[43] Trata-se Parecer da Procuradoria-geral da República de 21/03/2013 (Alexandra Leitão) e publicado na 2.ª série do Diário da República de 14 de maio de 2013. Também consultável em: http://www.dgsi.pt/pgrp.nsf/7fc0bd52c6f5cd5a802568c0003fb410/8e190b4baa98508580257a7c003ba1b6?OpenDocument&ExpandSection=-1

como imprescindível, mas situa-se *no meio* de um processo destinado a concretizar a aquisição.

Também por isso, parece que, à face da lei vigente, é inaplicável o venerado, mas arcaico, "princípio da consensualidade". Em ulterior capítulo voltaremos a este tema.

3 – Ainda a propósito da aquisição de direitos e dos fins do Registo, ponderemos no que, de modo incisivo (ainda que excessivo), diz FERNANDO MÉNDEZ: "No novo Registo a inscrição não publica o Direito: *é o Direito*". E seguidamente explicita que o fim *meramente publicitário* do Registo só é admissível caso se entenda que este *se limita* a tornar eficaz a escritura pública através da sua publicitação *erga omnes*. Ora, não é assim. E explica: o Registo hoje "*forma parte do sistema aquisitivo*"[44].

Embora a expressão "o Registo é o Direito" mais pareça uma metonímia de efeito enfático do que uma ilação rigorosa, mesmo porque estamos a falar de sistemas latinos (o espanhol e o português) e não de outros, como o alemão, em que o Direito *nasce* com o Registo[45], no entanto, o esclarecimento de FERNANDO MÉNDEZ de que hoje o Registo "forma parte do sistema aquisitivo" (e não só em Espanha, onde também é evidente) já se me afigura que representa uma real conclusão científica. Na verdade, julgo que temos de achar certas essas palavras, considerando, como *supra* se disse, que entre nós também vigora o que há anos tenho defendido (aliás, sem grande aquiescência) traduzir-se num *processo aquisitivo*.

Contudo, creio que a doutrina já devia ter repensado o velho "mero efeito do contrato", até porque os aludidos princípios da legitimação e da obrigatoriedade foram introduzidos já há bastante tempo:

[44] Cf. MÉNDEZ GONZÁLEZ, FERNANDO: cit. *De la publicidad contractual a la titulación registral El largo proceso hacia el Registro de la Propiedad*. pp. 27/28 (mas itálico nosso). Note-se que o Autor se refere ao sistema espanhol, conquanto as suas considerações abranjam todo o "Registro de la Propiedad", em geral, como uma *instituição social* (idêntico é o caso do português).

[45] E bem explicado por SÓNIA MOREIRA num dos estudos em homenagem ao Professor HEINRICH HÖRSTER (Cf. MOREIRA, EVA SÓNIA: "O regime da transmissão da propriedade no direito alemão e a protecção de terceiros subadquirentes – Brevíssimo confronto com o regime português", *in Estudos em Homenagem ao Professor Doutor* HEINRICH EWALD HÖRSTER, Coimbra: Almedina, 2012, pp. 515 a 528).

o da legitimação dispositiva há mais de 35 anos e da obrigatoriedade de registar há mais de 12 anos, mas, além disso, não se deve igualmente esquecer que a verificação da *legalidade* do contrato deixou de estar básica ou principalmente centralizada na fase notarial da *feitura do título* (uma vez que se admitiu o documento particular autenticado que pode ser redigido por quem quer), o que significou transferi-la principalmente para a fase do Registo.

Com efeito, a obrigatoriedade de titulação dos atos por escritura pública ou por outro documento autêntico elaborado por "oficial público" independente (*super partes*) foi expressamente excluída pela lei e agora, permitindo-se que o documento particular possa ser feito por quem patrocine apenas uma das partes ou até, em certos casos, por um não jurista que ignore o que é um negócio jurídico e como deve ser consignada a *vontade real* dos outorgantes (o que pode acontecer, apesar da incompreensível anomalia desta situação), resulta que o *controlo da legalidade,* bem como da ajustada declaração da vontade das partes, expressa no documento, à sua vontade real, não tem a mesma tradicional credibilidade inerente à titulação *notarial.* Além disso, esses títulos não são públicos, isto é, permanecem privados, também no sentido de que o, ou os, seus exemplares serem apenas os que as partes possuem e um qualquer interessado que pretenda deles obter uma fotocópia não tem, exatamente[46] a mesma possibilidade.

No que concerne à mencionada afirmação de Fernando Méndez negando o "fim *meramente publicitário* do Registo", estamos de acordo pelas razões expostas. Note-se também que, conforme se referiu, não há publicidade no sentido de outrora, mas antes uma *cognoscibilidade* produtora de *efeitos* jurídicos e que envolve uma determinação e aclaração autêntica das multiplas *situações jurídicas* registadas, *maxime* porque a sua existência e validade foi objeto de prévia e rigorosa qualificação.

Por conseguinte, tais situações são fiavelmente as reais, exatas e oponíveis *erga omnes,* gozando das presunções legais de *verdade* e de *exatidão* estabelecidas no artº 7º, o que também permite cimentar a *confiança* das

[46] Utilizamos esta expressão, visto que a Portaria n.º 1535/2008, de 30 de dezembro, obrigou, a "entidade que procede à autenticação do documento particular a realizar o depósito electrónico", pelo que, em princípio, poderão as partes, embora por via indireta, obter um comprovativo do documento.

partes, evitando adicionais indagações, e deste modo, favorece, garante e simplifica quaisquer actos ou negócios jurídicos imobiliários.

§3º

1 – Todos os sistemas registrais são instrumentos que se destinam a obter a "segurança jurídica preventiva" – que, por vezes, se denomina da "justiça cautelar" – e que visam proporcionar informação válida sobre a situação dos imóveis, principalmente para facilitar o tráfico e evitar situações de fraude e de conflitualidade.

É claro que há sistemas que cumprem estes objetivos e outros que não, com diversos graus de cumprimento e incumprimento. Os primeiros estão estruturados de modo a conseguirem ser seguros e fiáveis – tal é o caso dos conhecidos como sistemas de "registo de direitos" e de "fé pública" que ulteriormente abordaremos – e outros que não têm essa confiabilidade: é o que acontece com os sistemas de "recording" (que em rigor nem são de "registos") e também, embora em menor grau, com os de "registo de documentos".

Em Portugal, designadamente face ao conjunto de princípios acolhidos pela lei e ao funcionamento dos serviços registrais, consideramos indubitável que presentemente vigora o modelo do "registo de direitos", que é igualmente de "fé pública", como no último capítulo se tentará explicitar.

1.1 – A *segurança do comércio jurídico imobiliário* (que traduz um dos aspetos da "segurança jurídica") representa hoje em dia, como temos procurado comprovar, o *fim primordial* do Registo ou, quiçá melhor, do *novo* Registo Predial[47].

Diversamente do que acontecia antes do atual Código, o fulcral e *imprescindível* interesse em efetuar a inscrição dos direitos advém especialmente, à luz do artº 9º, do propósito pragmático – e novamente declarado na reforma de 2008 – de se concretizar aquele fim, nomeadamente

[47] Que, como se referiu, é um "registo de direitos", cujo fim essencial, por conseguinte, não é o da mera publicidade. Como bem disse Fernando Méndez "o Registo não é, substancialmente, um instrumento de publicidade". (Cf: MÉNDEZ GONZÁLEZ, Fernando: *De la Publicidad,,,* , p.27).

para maior certeza dos negócios jurídicos imobiliários e proteção da confiança dos cidadãos, o que, embora especificamente neste âmbito, também realiza o Estado de Direito[48].

Na verdade, como persuasivamente explicou Baptista Machado, a segurança é "uma das exigências feitas ao Direito – pelo que, em última análise, representa também uma tarefa ou missão contida na própria ideia de Direito"[49]. E este juízo é repetido pela generalidade dos autores, como é o caso de Oliveira Ascensão que expressivamente afirmou: "a segurança é um valor e também ela nos aparece como objectivo do direito". E, "quando falamos em ordem social, falamos implicitamente em justiça e em segurança. Sem segurança a ordem não existe ou é imperfeita, o que inquina a possibilidade de realização total dos fins da sociedade e das pessoas que a compõem"[50].

Do mesmo modo, o sentir comum dos cidadãos corrobora esta ideia, admitindo-se mesmo que está na base da vida civilizada[51] e do próprio Direito, ainda que a noção de segurança jurídica (e de outras figuras, como a de equidade) não seja de caracterização fácil. É antes de conteúdo relativamente "indeterminado", podendo ter "uma maior ou menor latitude de concretização"[52].

Afigura-se-me todavia que, no caso dos registos imobiliários, o conceito de segurança jurídica é mais específico e concretizável,

[48] A título de exemplo poder-se-á citar o Acórdão do STJ de 13-11-2007 (A. B. São Pedro) cuja 1ª conclusão diz:" O princípio do Estado de Direito [referido no artigo 2º da Constituição] concretiza-se através de elementos retirados de outros princípios, designadamente, o da segurança jurídica e da protecção da confiança dos cidadãos"(consultável em: http://www.dgsi.pt/jsta.nsf/35fbbbf22e1bb1e680256f8e003ea93/eeb4d3986c2a327 a8025739a004c24cd?OpenDocument &ExpandSection=1).

[49] Cf: MACHADO, João Baptista: *Introdução ao Direito e ao Discurso Legitimador.* Coimbra: Almedina, 1985, p. 55.

[50] As citações são de: ASCENSÃO, José de Oliveira: *O Direito– Introdução e Teoria Geral.* Coimbra: Almedina, 13ª ed. ref. e reimp., 2017, p. 199.

[51] Parece-nos apropriado recordar Stefan Zweig quando escreveu que "na época de razão" o "sentimento de segurança era o tesouro mais desejado por milhões de pessoas, o ideal de vida comum. Só com esta segurança se podia considerar a vida digna de ser vivida", porque significava a vida "que era civilizada" (Cf.: Zweig, Stefan: *O Mundo de Ontem-recordações de um europeu.* Porto: Porto Editora, 2014, p. 19).

[52] Cf.: CANOTILHO, José Joaquim Gomes e MOREIRA, Vital: *Constituição da República Portuguesa: Anotada.* 3ª ed. Coimbra: Coimbra Editora, 1993, p.1043.

já que está diretamente relacionado com a verdadeira, exata, garantida e atualizada cognoscibilidade dos direitos, ónus e encargos que a lei prevê como inscritíveis, de modo que todos (partes e terceiros) possam confiar na certeza e autenticidade da informação que os registos prestam.

1.2 – Leonardo Brandelli na sua obra *Registro de Imóveis*[53] recorda que, na perspetiva da indubitabilidade do direito subjetivo[54], se aponta a distinção, acolhida pelo Direito Registral, entre "segurança jurídica estática" e "segurança jurídica dinâmica" (expressões provindas de Demogue[55]) e explica que para a primeira importa essencialmente que o conteúdo dos direitos subjetivos seja certo e que os seus titulares "não possam perdê-los sem o seu consentimento", ao passo que para a "segurança dinâmica" o que principalmente se tem em vista é a certeza do "tráfico jurídico", baseada na *aparência* do direito inscrito.

A maioria dos juristas clássicos considera que a segurança jurídica estática e a segurança jurídica dinâmica ou segurança do tráfico são conceitos *que se contrapõem* sendo, portanto, inarmonizáveis. Esta é, nomeadamente, a posição de Ehrenberg[56].

Contudo, mais recentemente tem preponderado a opinião contrária[57]. Fernando Méndez, que passo a citar, sustenta que esta tradicional

[53] O título completo é "Registro de Imóveis: Eficácia Material" (Cf.: BRANDELLI, Leonardo, *Registro de Imóveis: Eficácia Material*. Rio de Janeiro: Forense, 2016, pp. 5-16).

[54] Quando se trata de procurar que o Direito *objetivo* seja certo e as normas jurídicas indubitáveis, o que se visa é a *segurança do Direito* e não a do tráfico (Cf. Brandelli: *op. cit.*, p. 5).

[55] Recorda Brandelli (*op. cit.* p. 6, nota "5") que estas expressões "segurança jurídica estática" e "segurança jurídica dinâmica" foram pela primeira vez utilizadas por Demogue (cf: DEMOGUE, René. *Les notions fondamentales du Droit prive: essai critique.* Reimp. Paris : La Mémoire du Droit, 2001, p. 72)

[56] Cf.: EHRENBERG, Victor Gabriel – *Seguridad jurídica y Seguridad del tráfico.* "Cuadernos de Derecho Registral". Trad. de Pau Pédron. Madrid: Fundacion Beneficentia et Peretia Juris, Vol. I, nº 47 (1903), p. 24. Aí diz: "*segurança jurídica e segurança do tráfico*, vêm a ser, de certo modo, *termos contrapostos*, alcançáveis um à custa do outro".

[57] Entre outros autores, Brandelli cita Alfonso Bolás (*in* BOLÁS, Juan Alfonso,, *et al. La seguridad jurídica y el trafico mercantil.* Madrid: Civitas, 1993, p.46-47) que, "com sucedâneo nas ideias de Paz Ares, considera "que não há contradição entre a segurança jurídica estática e a dinâmica, estando ambas ao serviço da proteção do titular do direito, harmonizando-se, assim, perfeitamente". (*Vide: op. cit.* p. 13).

distinção e contraposição – que considera ter raízes na ideia do *fim predominante publicitário* do Registo – numa *economia de mercado* e num avançado e moderno sistema de Registo *já não se justifica*: a certeza dos direitos subjetivos *é também* a do tráfico, "em que a inscrição forma parte do processo aquisitivo"[58]. Defende, e bem, que (como já referimos) "a publicidade não é a «essência mesma do Registo de Propriedade», nem a sua «função típica», nem tão-pouco o instrumento através do qual «a escritura pública alcança a sua plena eficácia»[59]. No "novo sistema, simplificado e mais seguro, sujeito às regras próprias do Direito (...), o Registo desempenha um papel essencial, contribuindo eficazmente para a *confiança* dos agentes económicos e para o desenvolvimento da economia". O Autor aponta as "propriedades normativas da inscrição" (entendendo que a inscrição é um «título-valor»[60]) e considerando que a proteção que confere está correlacionada com a sua "eficácia jurídico-real"[61].

Esta perspetiva, que julgo correta, tem o respaldo de vários autores, como é o caso, entre outros, de RICARDO DIP e LEONARDO BRANDELLI. Este diz: "a proteção preponderante [conferida pelo Registo] do tráfico jurídico, mas com instrumentos jurídicos eficazes a fim de garantir a segurança jurídica dos direitos, tornando a sua afronta uma exceção, *é o caminho mais eficiente em termos jurídicos e económicos*". Defende ainda que importa zelar para que a informação gere *confiança*, cuidando

[58] *Vide:* MÉNDEZ GONZÁLEZ, FERNANDO –– *Seguridad del tráfico versus seguridad de los derechos: un falso dilema.* Estudios jurídicos en homenaje al profesor Luis Díez-Picazo, Vol. 3, Editorial Civitas, 2003, pp. 4037-4062.

[59] Cf. MÉNDEZ GONZÁLEZ, FERNANDO – citada *De la Publicidad* ... mormente a pp. 23-25 e 27-28. O Autor, no entanto, já anteriormente tinha defendido estas ideias, designadamente em citada *Seguridad del tráfico versus seguridad de los derechos: un falso dilema*: *Registro Público de Imóveis Eletrônico – Riscos e Desafios.* São Paulo: Quinta Editorial (2012); *Derechos reales y titularidades reales, in* R.C.D.I., nº 736 (2013) pp.763-859; e noutros artigos publicados na *Revista Critica de Derecho Inmobliario,*

[60] O Autor desenvolveu esta tese nomeadamente num estudo que a *Revista Critica de Derecho Inmobliario* (R.C.D.I.) publicou (Cf. MÉNDEZ GONZÁLEZ, FERNANDO – *La inscripción como título-valor o el valor de la inscripción como título, in* R.C.D.I., nº 703 (2007), pp. 2062-2161.

[61] F. MÉNDEZ GONZÁLEZ explica esta sua tese na citada obra *De la Publicidad contratual*... sobretudo a partir de p. 183 até ao final do *Epílogo* (p. 233)..

da *proteção da aparência jurídica*[62]. E prossegue argumentando que "a tutela da aparência jurídica é uma das formas que tem o ordenamento jurídico de tutelar a confiança em busca da segurança do tráfico[63].

A certeza dos direitos inscritos e a correspetiva segurança - que fundamentam a confiança em geral e em especial a do *mercado* e do *tráfico imobiliário* - são pois, *valores essenciais* reconhecidos pelo Estado no tocante a alguns bens imóveis públicos e outrossim aos do seu domínio privado[64].

1.3 – Para que exista uma elevada segurança jurídica é necessário, em primeiro lugar, que o sistema registral esteja *permanentemente atualizado e informatizado*, possuindo uma base de dados integra, fiável, de acesso facilitado, assim como seguro e autenticado. Ademais, deve permitir requisições e certificações de atos, mormente os de aquisição ou de oneração, *online* por uma confiável via eletrónica. De resto, é isso que há mais de uma década ocorre em todos os sistemas modernos e bem organizados, como é o caso do alemão, do suíço, do inglês, do espanhol e, ao que me é dado verificar, especialmente desde 2008[65], *também do português.*

[62] É evidente, o Autor se refere à verdade tabularmente inscrita como a da "aparência jurídica". A nosso ver, em Portugal, no atual *novo* Registo a verdade inscrita *coincide* – salvo raríssimas exceções, como a da falsidade do título que baseou a inscrição –, *com a verdade material* e não só quando o registo é constitutivo, mas também porque nos outros casos, sobretudo face aos princípios que o regem, é de direitos e de fé pública, tem os meios práticos e legais para estar permanentemente atualizado e ainda, mesmo face à invalidade do título, pode ter efeitos substantivos.

[63] Cf. *op. cit.* a primeira citação a p. 13 (mas itálico nosso) e a última a p. 152.

[64] Neste sentido, foi recentemente instituído em Portugal um «Portal do Imobiliário Público». No sítio do IRN recorda-se que no Portal do Imobiliário Público se acionam "Procedimentos extraordinários de registo e de regularização da situação jurídico-registral dos bens imóveis do domínio privado do Estado, dos Institutos Públicos, das Regiões Autónomas e das Autarquias Locais – Decreto-Lei n.º 51/2017, de 25 de maio. Consultável em https://www.irn.mj.pt/sections /irn/a registral/registo-predial/docs-predial/portal-do-imobiliario).

[65] A partir desta data, o Registo Predial, como diz Blandina Soares, "foi alvo de uma ampla reforma com a publicação do Decreto-Lei n.º 116/2008, de 4 de Julho. O referido diploma legal aprovou medidas de simplificação, desmaterialização e desformalização de atos e processos (...)" e encetou um caminho de completa informatização e modernização dos registos. (Cf: SOARES, Blandina – "A Apresentação Eletrónica no Registo Predial Português – evolução histórica", trabalho apresentado no XVIII Congresso Internacional de Direito Registral Cinder-Amesterdão, 2012. Consultável em https://ascr.pt/system/jobs/documents/ 000/000/021 /original/A_apresenta%C3%A7%C3%A3o_ eletr%C3%B3nica_no_registo_predial_portugu%C3%AAs_-_Blandina_Soares.pdf?1523914462).

Depois, tal sistema tem de funcionar em exclusividade, isto é, não se compatibiliza nem pode admitir a concorrência de qualquer outro *registo jurídico* público ou privado, visto que podendo publicar um deles determinado direito e o outro direito diferente, isso, como é manifesto, só geraria a incerteza e a confusão. Note-se em breve aparte que o Cadastro e as matrizes *não são registos jurídicos nem publicam situações jurídicas*, mas são, sim, bases de dados de informação *fáctica* (o Cadastro, tendencialmente completo), numa perspetiva de natureza cartográfica e geo-topográfica de todos os imóveis públicos e privados (da sua utilidade e *valor*), bem como de diversos "acidentes topográficos" (estradas, caminhos de ferro, rios, etc.), o que é determinante para o ordenamento do território e para a tributação patrimonial, *mas não para a segurança jurídica*, bem como para a definição e cognoscibilidade atualizada dos múltiplos *direitos* que de várias proveniências e permanentemente vão incidindo sobre os prédios e que são imediatamente registados. Dada a importância deste tema no 5º capítulo tentaremos desenvolvê-lo.

1.4 – A segurança do comércio jurídico imobiliário, constituindo a crucial finalidade do Registo Predial, tem a descrita consequência de gerar uma efetiva "confiança do mercado" e propiciar favoravelmente o "tráfico imobiliário". Daí que usualmente[66] se considere que os sistemas registrais (*máxime* de registo de direitos) têm também uma *função social e económica*[67], que pode ser mais ou menos relevante consoante

[66] O termo "usualmente" é apropriado não tanto quando nos referimos a estudos que entre nós tenham sido feitos, mas sim a temas debatidos em *congressos internacionais*, mormente os do IPRA-CINDER (Centro Internacional de Direito Registral). A mero título de exemplo podem citar-se o IX Congresso Internacional del1992, realizado em Torremolinos, Espanha, o XII Congresso Internacional de 1998, realizado em Marrakech, Marrocos, 1998 e o XIV Congresso Internacional de 2003, realizado em Moscovo, Rússia. Todos consultáveis em http://ipra-cinder.info/.

[67] Diz BRENDELLI: "o fenómeno registral imobiliário carrega consigo uma função social e uma função económica que andam de mãos dadas e decorrem, ambas, de um sistema registral bem aplicado, em consonância com os princípios constitucionais que norteiam a propriedade". (Cf: BRANDELLI, Leonardo – *Direito Civil e registro de imóveis*. S. Paulo: Editora Método, 2007, p. 210).

o seu próprio aperfeiçoamento e a capacidade para, na prática, demonstrarem que logram proporcionar essa segurança[68].

Recordemos sinteticamente que, apesar de hoje em dia os avançados sistemas registrais, como é o nosso, terem em vista a segurança do comércio jurídico imobiliário *em geral*, no entanto, a maioria deles, que foi instituída apenas em meados do século XIX, foi-o, como se disse, sobretudo como instrumento legal destinado a inscrever *as hipotecas* (para assim evitar as hipotecas gerais e garantir o crédito hipotecário) e os códigos foram denominados "leis hipotecárias".

Todavia, muitos dos sistemas registrais, pelo menos na Europa, progrediram tecnicamente, de harmonia e ao serviço da legislação civil de cada país, tendo-se tornado relevantes e praticamente indispensáveis instrumentos para a generalizada divulgação e definição dos direitos e ónus inscritíveis (que não apenas das hipotecas), especialmente com o objetivo de possibilitar o conhecimento desses direitos e garantir a *generalidade das transações imobiliárias.*

Quando o sistema registral passou a ser evoluído e fidedigno, algumas das imediatas consequências económicas consistiram numa acentuada diminuição das taxas de juro do crédito hipotecário[69], bem como

[68] Um dos autores que mais o procurou demonstrar em vários trabalhos que publicou foi Nicolás Nogueroles (Cf. NOGUEROLES PEIRÓ, Nicolás, v.g. em "La evolución de los sistemas registrales en Europa" *in Revista de Direito Imobiliário.* Nº 265, Ano XXII, (2007) e em "La evolución de los sistemas registrales europeus" *in* "Revista: *Notícias de la Unión Europea*, nº 265º, 2007, pp. 121-134).

[69] Nos acima mencionados *Congressos Internacionais* foram apresentados rigorosos dados estatísticos pelos quais se verifica que as taxas de juro relativas ao crédito hipotecário nos países com fracos sistemas registrais *mais do que duplicam* em relação às que são praticadas nos que possuem sistemas fiáveis (v.g. Alemanha, Espanha, Portugal...). Também alguns autores têm apresentado estudos sobre o tema, entre eles, Fernando Méndez González, que publicou vários trabalhos, principalmente na "Revista Crítica de Derecho Inmobiliario (R.C.D.I.).*Vide:* MÉNDEZ GONZÁLEZ, Fernando: *La función económica de los sistemas registrales* em R.C.D.I., nº 671, pp: 875-900.; *la inscripción como instrumento de desarrollo económico.* Ponencia presentada al XII Congreso Internacional de Derecho Registral, *Marrakech* Novembro de 1998 (Consultável em: http://www.cinder.info/?page_id=432&language=es). *Las incertidumbres sobre la ejecutabilidad de las hipotecas gestionadas por el Mortgage Electronic Registration System en Estados Unidos in* R.C.D.I., Nº 724, (2011), pp. 845-887. *La inscripción como título-valor o el valor de la inscripción como título, in* R.C.D.I., nº 703 (2007), pp. 2062-2161. *Registro de la Propiedad y desarrollo de los mercados de crédito hipotecário, in* R.C.D.I., nº *700* (2007), pp. 572-616. *La Función calificadora: una aproximación desde el análisis economica del Derecho,* em GÓMEZ GÁLLIGO, Francisco. Javier La Calificación Registral (obra coletiva). Madrid: Civitas, 1996. *A função econômica da publicidade registral* (em português, consultável em https://arisp.

na redução dos "custos de transação" dos imóveis[70]. Tais custos básica e esquematicamente consistem: a) nos valores que são gastos para obter uma indispensável informação sobre as titularidades e encargos que possam ter; b) nas despesas de negociação para harmonizar e concluir o encontro de vontades dos contraentes; c) nos de acompanhamento e vigilância para acautelar a observância do acordado.

Afigura-se propositado citar estes argumentos: "A razão confirma que a economia de mercado significa contratação entre estranhos, entre pessoas que, por um lado, precisam de cooperar, porque necessitam intercambiar, e, por outro, necessitam desconfiar (...). As estratégias dirigidas a pretender enganar, por um lado, e a procurar evitar os enganos, por outro, são muito custosas e, além disso, retiram recursos das atividades produtivas"[71].

Num estudo que há anos apresentei, a propósito das *garantias jurídicas* que os registos podem oferecer com notório reflexo na valorização económica dos bens[72], em dado ponto referi que, face às atuais características do mercado, à aceleração da vida económica e às possibilidades oferecidas pela diversidade de meios de contratação, incluindo os efetuados por via eletrónica, são apenas os sistemas que observam e respeitam os principais princípios os que se mostram capazes de proporcionar essas garantias. E numa outra oportunidade[73], referindo-me

files.wordpress. com/2008/06/fernandomendezgonzalez.pdf.). Também, entre outros, o tema foi profundamente estudado por ARRUÑADA (Cf: ARRUÑADA SÁNCHEZ, BENITO – *Sistemas de titulación de la propiedad.* Lima: Palestra Editores, 2004).

[70] Na "Exposição de Motivos" da Lei Hipotecária espanhola de 8/2/1861 diz-se que "a condição mais essencial de todo o sistema hipotecário, quaisquer que sejam as bases em que repouse, é a segurança da propriedade: se esta não se registra (...) desaparecem todas as garantias que pode ter o credor hipotecário" [pelo que é vantajoso] "adquirir sem temor de perder o adquirido e o de emprestar sobre a propriedade imobiliária, com a segurança de que não seria ineficaz a hipoteca, pois «o perigo que incessantemente correm, os credores costumam compensá-la com juros exorbitantes» ".

[71] Cf. MÉNDEZ GONZÁLEZ, FERNANDO: *La destrucción de la confianza,* em citada "La Función calificadora: una aproximación desde el análisis economica del Derecho..."

[72] Tratou-se do estudo apresentado no Congresso do CINDER realizado em Moscovo (1 a 7 de junho de 2003, consultável emhttp://ipra-cinder.info/xiv-congreso-moscu-junio-2003/?lang=en) cujo texto está no livro *Temas de Registos e de Notariado* (cf: GUERREIRO, J. A. Mouteira: *Temas de Registos e de Notariado.* Coimbra: Almedina, 2010, pp.273-290).

[73] Tratou-se da conferência realizada no CIJE (Faculdade de Direito da Universidade do Porto) em 16/11/ 2016 (Cf: http://www.cije.up.pt/).

aos diferentes sistemas registrais, recordava que os que têm em vista a segurança do comércio jurídico imobiliário – e não sendo esta uma proclamação meramente retórica, mas reconhecida, porque alicerçada nas normas e práticas que fundamentam tal objetivo – proporcionam entre outros efeitos económicos, especialmente, como se disse, os da diminuição dos custos de transação dos imóveis e da redução das taxas de juro, bem como o estímulo ao crédito hipotecário e o incremento do mercado imobiliário. Trata-se, pois, de *bases* que, constituem uma relevante concretização prática dos indicados fins securitários do Registo, de que resultam favoráveis efeitos para a economia.

§4º

1 – O Registo Predial tem também sido utilizado como "guardião da legalidade pública"[74] e instrumento ao serviço do Estado de Direito, como se vê, inclusivamente, pelo aproveitamento que os governos têm vindo a fazer, e de modo cada vez mais evidente, mormente publicando leis e regulamentos no sentido de impedir que diversos actos possam ser inscritos sem que os interessados provem – ou o conservador escortine – a legitimidade e regularidade de condutas e o acatamento de prévios licenciamentos e de diversas prescrições .

A mais antiga dessas imposições parece que terá consistido na comprovação do cumprimento das *obrigações fiscais*. Mas sobrevieram várias outras, desde a fiscalização das *licenças camarárias* de utilização de imóveis, à existência da chamada "ficha técnica da habitação", até a recentes incumbências, como a respeitante à apreciação de comportamentos que, abrangendo uma multiplicidade de actos e de indicadores, possam apontar para fenómenos de "branqueamento de capitais".

Ainda quanto às recentes tarefas, cabe destacar as que concernem à verificação da observância de determinações em matéria urbanística, com relevo para as operações de transformação fundiária resultantes de loteamento, bem como para o cumprimento de medidas administrativas

[74] A frase é de MÉNDEZ GONZÁLEZ, Fernando, *in* cit. *De la Publicidad Contratual...* p. 233.

e de fiscalização da legalidade com respeito à abertura de descrições de prédios e de parcelas de terreno e do licenciamento de construções.

Em síntese: a lei vigente, atribuindo ao Registo Predial o aludido papel de "guardião da legalidade pública" e impondo-lhe a observância dos sobreditos e básicos princípios registrais, veio confirmar que outorgou ao sistema a fiabilidade própria de um registo de direitos dotado de *fé pública*, em ordem a cuidar de consistente e responsavelmente defender o *controlo da legalidade* e a *segurança* do comércio jurídico imobiliário.

Talvez se tivesse de pormenorizar mais esta questão – já que o tema dos fins do Registo Predial é mais vasto – mas, porque me propus sintetizar quanto possível os demais assuntos que inicialmente referi e que também tocam questões relevantes, por aqui me devia quedar. Todavia, há um último ponto que julgo ter interesse referir e que, de certo modo, decorre das novas finalidades do Registo que se indicaram e que, comprovadamente, excedem o âmbito dos Direitos Reais.

Se assim é – como, na realidade, se demonstra que é – e se, além disso, o Direito Registral Imobiliário *tem autonomia científica*, muito embora se prenda com vários outros ramos do Direito (processual, do urbanismo, fiscal, etc.) é incongruente e anacrónico que continue a ser tratado e ensinado como um capítulo dos Direitos Reais. Urge, pois, que sobretudo as nossas Universidades encarem e resolvam de vez esta questão.

CAPÍTULO II
CARACTERIZAÇÃO DA OBRIGATORIEDADE DE REGISTAR E DA INSCRIÇÃO OFICIOSA E SIMULTÂNEA COMO "PRINCÍPIOS DE REGISTO"

§1º

1 – Este capítulo trata de dois *princípios registrais* bastante diferentes com o propósito de sintetizar para, em relação a ambos, tentar dar uma resposta breve à mesma interrogação: são, ou não, "princípios de registo"?

A respeito desta interrogação, julgo dever responder afirmativamente, porquanto – de harmonia com os requisitos que caraterizam um *princípio* –, em ambos se comprova que: a) albergam uma previsão inteiramente abstrata das imposições tabulares; b) enunciam diretrizes medulares das inscrições com «natureza essencial»; c) evidenciam possuir um «relevo fundamental» no tocante ao papel do Registo Predial; d) têm uma abrangente e generalizada aplicação aos casos e situações registáveis constantes das correspondentes normas legais. Tudo isto se verifica de modo não menos patente do que nos demais "princípios de registo" que são, de há longa data e por toda a doutrina como tal considerados e que a própria lei assim qualifica (como é tipicamente o caso do *princípio do trato sucessivo*).

No direito espanhol são denominados *princípios hipotecários* e têm sido teorizados por muitos autores, sobretudo depois da publicação em 1931 do livro *Princípios hipotecarios* de Jeronimo Gonzalez, podendo citar-se, entre pertinentes definições, a de Garcia Garcia, explicando que os princípios são as *notações, caracteres, ou aspetos básicos que tem ou deve ter um determinado sistema registral*[75]. Concordamos que tais atributos

[75] Cf.; GARCIA GARCIA, Jose Manuel – *Derecho Inmobilirio Registral o Hipotecario*. Madrid: Editorial Civitas, 1988. Vol. I, p. 533. Este e outros autores acentuam que estes princípios respeitam ao ordenamento do Registo Predial e não aos "princípios gerais do Direito". Lacruz Berdejo

respeitam a "aspetos básicos" *que vigoram em determinado sistema*, o que, aliás, também se verifica com os princípios gerais de Direito[76]. Porque são acolhidos nuns países e noutros não, habitualmente referem-se os princípios do sistema alemão, do sistema francês, do sistema espanhol, do sistema português...

Em anterior trabalho citei um convincente artigo de Maria João Mimoso e Ricardo Rodrigues Cardoso sobre o consensualismo contratual, no qual, a propósito da distinção entre "regra" e "princípio", mencionaram, a opinião de Gomes Canotilho, designadamente quando refere que os princípios assumem um "carácter de fundamentalidade no sistema das fontes de direito (...)", já que "os princípios são normas de natureza estruturante ou com um papel fundamental no ordenamento". Explica que "os princípios são «standards» juridicamente vinculantes radicados nas exigências de justiça (Dwokin) ou na «ideia de direito» (Larenz)". Nesse estudo sobre o consensualismo os referidos Autores manifestam ainda a opinião de que "os princípios são fundamento de regras, isto é, são normas que estão na base ou constituem a *ratio* de regras jurídicas, desempenhando, por isso, uma função normogenética fundamentante"[77].

Oliveira Ascensão considera que "a unidade do sistema jurídico corresponde à da própria ordem normativa da sociedade. Mas se aquele é um sistema, tem de ser travejado e percorrido por princípios ou orientações fundamentais de que resulta justamente a sua unidade". Adiante

e Sancho Rebullida confirmam que se trata das regras mais gerais "que dão a conhecer as linhas essenciais do que poderíamos chamar as «ideias-força» do nosso ordenamento imobiliário registral", constando de normas legais, mas não são "princípios gerais do Direito". (*Vide*: LACRUZ BERDEJO, José Luis com SANCHO REBULLIDA, Francisco de Asis – *Derecho Inmobiliario Registral*. Elementos de Derecho Civil, III, bis. Barcelona: Bosch Editor, 1990, p. 48).

76 Canaris, desenvolvendo o "conceito de sistema" refere-se no ponto '1' ao "sistema como ordem axiológica ou teleológica" e no ponto '2' ao "sistema como ordem de « princípios gerais de Direito»" (Cf: CANARIS, Claus-Wilhelm: *Pensamento Sistemático e Conceito de Sistema na Ciência do Direito* [introdução e tradução de A. Menezes Cordeiro]. Lisboa: Fundação Calouste Gulbenkian, 2002.,pp. 66 e 76).

77 Cf: MIMOSO, Maria João e RODRIGUES, Ricardo Alexandre Cardoso, em *Reconfiguração do Consensualismo Contratual: as ações tituladas nominativas e os limites à transmissão*, na Revista "Julgar *online*", Julho de 2014, p. 11/12, em que citam CANOTILHO, J. J., *Direito Constitucional e Teoria da Constituição*. Coimbra: Almedina, 2003 (reimpressão de 2012), pp. 1160-1161. O artigo na indicada Revista "Julgar" é também consultável em: http://julgar.pt/author/maria-joao-mimoso/.

assinala que "os princípios são de toda a ordem jurídica". Cita a afirmação de LARENZ: "Os princípios pertencem verdadeiramente ao conteúdo do «direito positivo», desde que por tal não se entenda apenas a lei, mas sim a ordem jurídica vigente como um todo; mas eles não brotam nem da lei nem da jurisprudência, antes estão subjacentes a ambas". E, ao terminar o pormenorizado parágrafo, OLIVEIRA ASCENSÃO também reitera a opinião de LARENZ: "Os princípios gerais de direito não são regras, são grandes orientações que se desprendem, não apenas do complexo legal, mas de toda a ordem jurídica".[78]

2 – Contudo, todas as citadas considerações, conquanto oportunas, referem-se aos princípios gerais de Direito e não aos "princípios de registo", que são os aqui visados.

Relativamente a estes, como se disse, GARCIA GARCIA define *princíos hipotercários* "como as notas, caracteres ou traços básicos que tem ou deve ter um determinado sistema registral"[79]

A respeito da distinção, entre princípios gerais de Direito e "princípios de registo", num clássico estudo sobre a publicidade registral, PAU PEDRÓN refere o seguinte: "os princípios gerais de Direito constituem o aspeto jurídico – a concretização jurídica – dos valores da comunidade". E adiante elucida: "Os valores vigentes na comunidade constituem o fundamento do Direito" ou, como diz LARENZ, os princípios *de Direito positivo* são «pensamentos diretores de uma determinada regulação».

Quanto aos "princípios de registo", PAU PEDRÓN formula ainda a seguinte questão: "Os princípios hipotecários revelam – ou refletem – *valores vigentes na comunidade*? É evidente, para começar, que alguns não têm componente axiológico – ou valorativo, ou ético – são os que costumam considerar-se requisitos da inscrição: o que rege a voluntariedade ou a obrigatoriedade da inscrição" [não concordo que a obrigatoriedade de registar seja um "requisito da inscrição"] e "o princípio da documentação pública ou da documentação privada (etc...)". Depois, referindo-se aos princípios hipotecários que considera essenciais – existindo outros

[78] Cf: ASCENSÃO, JOSÉ DE OLIVEIRA: citado *O Direito*... pp. 418-421. A citação de LARENZ é referenciada na nota '618' a p. 419.

[79] Cf. GARCIA GARCIA, JOSÉ MANUEL, citado *Derecho Hipotecário*... p.532.

meramente técnicos, que "não fazem parte da instituição" –, sem apresentar uma noção dos mesmos, apenas indica que "são os da boa fé, da legalidade no seu aspeto de qualificação, do trato sucessivo, da legitimação e da fé pública"[80].

Por seu turno, no clássico *Derecho Hipotecario*, ROCA SASTRE diz que "por princípios hipotecários devemos entender o resultado da sintetização ou condensação técnica do ordenamento jurídico hipotecário numa série sistemática de bases fundamentais, orientações capitais ou linhas diretrizes do sistema"[81].

Entre nós, num parecer do Conselho Consultivo da Procuradoria Geral da República diz-se, muito pertinentemente, que "a doutrina do registo predial tem elaborado um certo número de princípios estruturantes *que comandam o sistema de registo e têm tradução no modo como a lei organizou o registo predial, estabeleceu a sua disciplina, considerou o seu valor e fixou os respectivos efeitos* (...)" [82].

Com estas rápidas observações, ainda que não aderindo inteiramente a alguns pontos dos textos supracitados, proponho a seguinte conclusão (que não "definição") : as diretrizes básicas e gerais relativas à operacionalidade, funcionamento e feitura dos registos, à sua viabilidade, aos seus fins, ao seu valor, aos seus efeitos, e aos essenciais requisitos tabulares, especialmente os relativos às inscrições, se forem estruturantes do sistema registral , devem considerar-se *princípios de registo.*

É especialmente com fundamento neste critério da *essencialidade*, da *finalidade*, da *eficácia* e das *imposições legais* que, a meu ver, se deve procurar perceber se são, ou não, "princípios de registo" aqueles a que o presente capítulo concerne. Ao que me parece são, como outrossim se confirma pelo que a respeito de cada um deles se assinalará.

[80] Cf: PAU PEDRÓN, ANTÓNIO, *La Publicidad Registral*. Madrid: "Fundacion Beneficentia et Peretia Juris", 2001, pp. 176-181.

[81] Cf: ROCA SASTRE, RAMÓN MARIA – *Derecho Hipotecário*. 5ª ed. Barcelona: Bosch ,Casa Editorial, 1954. Vol. I, p. 145.

[82] Trata-se do parecer da Procuradoria Geral da República nº 73/1996, de 19.05.2000 (HENRIQUES GASPAR), mas itálico nosso. Consultável em: http://www.ministeriopublico.pt/pareceres-pgr/8803.

§2º

1 – A obrigatoriedade de promover o registo generalizadamente em todo o País[83] foi instituída pela reforma de 2008 – que aditou ao Código os art.ºs 8º-A a 8º-D – e constituiu, ao que penso, a mais oportuna e efetiva atualização do funcionamento do Registo Predial. MARIA CLARA SOTTOMAYOR também referiu que se tratou da "mais relevante" das alterações introduzidas pela reforma de 2008[84]. Esse relevo deve-se, a meu ver, ao facto da obrigatoriedade ter concretizado um decisivo passo com vista à necessária eficácia do objetivo crucial de poder ser obtida a permanente *atualização* das situações inscritas para maior *segurança do comércio jurídico imobiliário.*

Presumo que todos concordamos que a "verdade tabular" deve ser, tanto quanto possível, coincidente com a "verdade material". E não parece admissível, porque contraria a finalidade pública do Registo Predial, que quem titulou ou praticou atos jurídicos que alteram o conteúdo dos existentes *registos definitivos*[85] não deva prontamente solicitar

[83] Recorde-se que no domínio dos códigos anteriores de 1959 e 1967 vigoraram dois regimes: o registo facultativo "numa metade" do País (apenas naquela onde existiam as matrizes cadastrais) e o obrigatório na outra. Aliás, à medida que em cada concelho entrava em vigor o cadastro geométrico, o registo aí passava a ser obrigatório. Esta dualidade foi sempre criticada e o Código de 1984 acabou com ela, tornando o registo facultativo. Todavia, como foi introduzido pelo artº 9º o princípio da legitimação dispositiva, tornava-se necessário ao transmitente ou onerante ter o registo em seu nome para poder dispor do imóvel. Daí que o registo se tivesse apelidado como "indiretamente obrigatório". Ao que sei, quem primeiramente o referiu foram duas das coautoras do anteprojeto do Código: BRANCA AMARAL e ISABEL MENDES. Na 1ª edição do Código anotado referem: "O registo obrigatório, até agora vigente nalguns concelhos do país (...) foi substituído por uma *obrigatoriedade indireta* que se estende a todo o território nacional" (Cf. AMARAL, BRANCA e MENDES, ISABEL PEREIRA: *Código do Registo Predial, Anotado.* Coimbra: Almedina, 1984, p. 23).

[84] Cf: SOTTOMAYOR, MARIA CLARA: *Invalidade e Registo: A Proteção do Terceiro Adquirente de Boa Fé.* Coimbra: Almedina, 2010, p. 932. Também, entre outros, JOSÉ ALBERTO VIEIRA e RUI PINTO DUARTE, na sequência dessa introdução legislativa, fizeram oportunos e relevantes estudos, intitulados, respetivamente, "A Nova Obrigação de Registar, o Seu Impacto sobre a Aquisição de Direitos Reais sobre Coisas Imóveis e a Segurança do Comércio Jurídico Imobiliário", *in Estudos em Homenagem ao Professor Doutor Sérvulo Correia.* Coimbra: Coimbra Editora, 2010, p. 100 e ss e "A reforma do registo predial...", já citada, referindo igualmente que, no tocante ao Registo Predial, tal obrigatoriedade constituiu uma importante inovação introduzida pelo aludido Dec-Lei nº 116/2008.

[85] Note-se que os registos provisórios não declaram decisivamente qualquer facto. Só o poderão fazer se forem atempadamente convertidos em definitivos. Até que tal se concretize apenas garantem uma *eventual* prioridade (a denominada "reserva de lugar") nos termos do artº 6º/1 do Código.

a correspondente inscrição registral, de modo a que fique *logo* reposta a verdade tabular de modo *coincidente com a realidade substantiva.*

Face ao que se disse no número anterior, afigura-se evidente que com o sobredito adiamento o legislador instituiu um *princípio*[86], caracterizador do sistema registral português[87]. Ele é, de certo modo, *oposto* ao que vigora em alguns países, conhecido como "princípio da voluntariedade da inscrição", segundo o qual quem pratica um acto sujeito a registo "é livre de o inscrever ou não"[88]. Note-se que aqui, mais uma vez, o importante valor da liberdade individual colide como o não menos importante do interesse público. No caso, visando o Registo Predial uma *finalidade pública* do conhecimento da exata e atual situação jurídica dos imóveis, parece evidente que *o interesse público* da obrigatoriedade de registar deve prevalecer.

A sobredita *obrigatoriedade* abarca os principais factos sujeitos a registo (previstos no artº 2º) e o respetivo incumprimento é sancionado[89]. Trata-se, portanto, da *imposição legal de formular o pedido de registo* – pedido esse que, como resulta do próprio sistema registral vigente, tem de ser feito, nos termos gerais e salvo os casos de oficiosidade, de harmonia com o *princípio da instância.*

[86] Rui Pinto Duarte, é perentóro a considerar que se trata de um princípio: um *princípio funcional* do sistema português. (Cf: DUARTE, Rui Pinto: cit. *O Registo Predial*, p. 45).

[87] Não foi sempre esta a opinião que tive. Pouco tempo depois de o *princípio* ter sido instituído escrevi: "será que a obrigatoriedade integra um dos *princípios de registo*? Não nos parece". E acrescentei: "Trata-se apenas de uma imposição legal de formular o registo" (Cf. GUERREIRO, J. A. Mouteira – *Temas de Registos e de Notariado. Coimbra*: Almedina, 2010, pp. 43-44). Presentemente – porque também creio que é preciso pensar mantendo uma «interrogação sem fim» (G. Steiner) – considero que, na verdade, se trata de um "princípio", como é referido no texto.

[88] Cf. GARCIA GARCIA, *op. cit.*,pp. 547/548. Em Espanha continua a defender-se essa voluntariedade.

[89] É certo que, como se disse, a 'sanção' tem de se considerar bastante 'suave' (o pagamento do emolumento em dobro: artº 8º-D/1 do C.R.P.). Todavia, essa é uma outra questão. O que verdadeiramente releva é o facto de *existir a sanção*, assim qualificável por ser a irrecusável *consequência normativa* no caso de incumprimento da obrigação de registar.

A sanção que o não acatamento da obrigação de registar origina, parece-nos demasiado leve[90], visto que, em regra[91], apenas sujeita o obrigado a promover o registo – que começa por ser *o titulador* (notário, advogado e outros) – ao pagamento do emolumento em dobro (art.º 8º-D, nº 1). Na verdade, não foi instituído nenhum procedimento para verificar se tal obrigação foi *efetivamente cumprida*, o que nos parece desajustado[92] e por vezes ineficaz para a realização do objetivo legal. Por outro lado, também não está prevista, como parece que devia estar, a invocabilidade de *motivo comprovadamente justificativo* para a circunstância de o registante não ter podido requerer o registo *no prazo fixado* (por vezes, como sabemos, é o que acontece até por atrasos noutros serviços), isentando-o do pagamento emolumentar em dobro, já que assim até se facilitaria que os interessados viessem efetivamente requerer o registo.

De qualquer modo, como a obrigação de promover o registo recai *também*, nos termos do art.º 8º-B/1, nos sujeitos do facto e nas outras entidades a que alude o nº 3, é de crer que a obrigação de registar acabe por ser realmente cumprida. E, ao que temos procurado saber, desde 2008 (há mais de 12 anos) a realidade é que tem sido[93].

2 – Os indicados artºs 8º-A a 8º-D inserem-se num conjunto de disposições que desde o artº 4º ao artº 9º contêm princípios de registo

[90] Demasiado leve e 'simplista' por um lado, e outrossim algo 'desproporcionada' pelo outro, visto que o prazo para cumprimento da obrigação é, em certos casos, curto e os emolumentos devidos por alguns registos são, por vezes, pesados.

[91] A sanção pode não ser apenas a referida no texto. Rui Pinto Duarte, aponta – e pensamos que pertinentemente – a possibilidade do "incumprimento causar prejuízos a alguém (...) o incumpridor responderá civilmente por esses prejuízos" (*Vide:* DUARTE, Rui Pinto: cit. *O Registo Predial*, p. 80).

[92] Desajustado se o legislador pretendeu que todos os registos fossem realmente *feitos* e não quis apenas enunciar um princípio e obter mais receitas.

[93] Note-se que, mesmo que um princípio possa eventualmente não ser cumprido, não é essa circunstância que lhe retira a natureza de princípio. Haja em vista, v.g., o princípio do trato sucessivo, cujo incumprimento dá lugar à provisoriedade do registo e, ainda que este venha a ser indevidamente feito a sanção é uma nulidade *atípica*, uma vez que, inexistindo impugnação judicial, é em regra sanável (*vide:* artº 121º/4 do CRPred.: " Os registos nulos por violação do princípio do trato sucessivo são retificados pela feitura do registo em falta(...)".

(que deveriam estar agrupados num capítulo com essa epígrafe[94]) e foram aditados ao artº 8º, o qual julgo que *também contém um princípio* (que já é antigo[95], apesar da nova redação ter tornado esta qualificação menos percetível), com vista ao cumprimento do *mesmo objetivo* da coincidência da verdade material com a verdade tabular e ainda com a fidedignidade do princípio presuntivo (outrossim conhecido como de legitimação registral) previsto no artº 7º.

Na formulação inicial de 1984 o artº 8º tinha por epígrafe *impugnação dos factos registados* e incluía dois números, que dispunham:

> "1 – Os factos comprovados pelo registo não podem ser impugnados em juízo sem que simultaneamente seja pedido o cancelamento do registo.
> 2 – Não terão seguimento, após os articulados, as acções em que não seja formulado o pedido de cancelamento previsto no número anterior".

É claro que a pretendida coincidência não se verificaria se uma decisão transitada em julgado definisse determinada situação jurídica de um modo, mas a inscrição registral continuasse a publicar coisa diferente. Contudo, para que tal não acontecesse, o obstáculo que a lei instituiu de as ações *não terem seguimento* "após os articulados" se *simultaneamente* não tivesse sido "formulado o pedido de cancelamento do registo", constituía um sério entrave à igualmente desejada e necessária celeridade processual (e, por a prejudicar, causou até uma certa antipatia para com o Registo Predial). Porém, como é sabido, a decisão não pode incidir sobre matéria que não foi objeto de pedido e até, se o fizesse, tal constituiria causa de nulidade (artº 615º/1, e), do Cód. Proc. Civil).

[94] Nos anteriores códigos de 1959 e de 1967 estiveram reunidos, embora não num capítulo, mas numa secção (do Capítulo II). Tratava-se da Secção I cuja epígrafe dizia: "Princípios gerais". A Secção II tinha por epígrafe "Da obrigatoriedade do registo". Penso que ao tempo o legislador não integrou a obrigatoriedade na secção relativa aos "princípios gerais", porque, não sendo aplicável a todo o País, não tinha o grau de generalidade característico dos princípios.

[95] Os códigos de 1959 e de 1967 estabeleciam (em ambos no artº 12º) que "os factos comprovados pelo registo não podem ser impugnados em juízo sem que simultaneamente seja pedido o cancelamento do registo".

Penso que esta dificuldade foi bem solucionada com a atual previsão do artº 8º que, ao estabelecer a indicada *presunção*, resolveu o problema de nessas situações de impugnação judicial de um facto comprovado pelo registo, o pedido de cancelamento do mesmo se encontrar *tacitamente feito*, de modo que o julgador deve pronunciar-se sobre essa matéria. Por conseguinte, a meu ver, tal presunção tem de ser entendida como não admitindo prova em contrário (é, pois, *juris et de jure*[96]).

Quanto à *obrigatoriedade de registar* instituída pela reforma de 2008 julgo que constitui um dos princípios de registo. Como se referiu, Rui Pinto Duarte entende incluí-lo nos *princípios funcionais do sistema português*[97]. Por minha parte, penso que isso corresponde ao regime do nosso sistema, mas como se pode igualmente considerar que é um princípio técnico (Pau Pedrón) ou até, porque também tem em vista a segurança do tráfico, um dos essenciais e estruturantes (e o legislador inseriu o atinente normativo entre o dos fundamentais), afigura-se que é correto conceituar a obrigatoriedade como um dos *princípios gerais*. De qualquer modo, não é o qualificativo que porventura se repute mais adequado que propicia negar a fundamental conclusão de que se trata de um *princípio de registo*.

§3º

1 – Creio que o *princípio da simultânea e oficiosa feitura de registos*, ora enunciado, não tem sido exposto em qualquer estudo sobre direito registral imobiliário. Mas considero, pelos motivos seguidamente indicados, que manifestamente se trata de um "princípio" e, na realidade, de um princípio essencial. No entanto, para a sua designação (ora proposta)

[96] Note-se que esta presunção visou substituir a anterior imperatividade de dever ser expressamente formulado o pedido de cancelamento do registo, *mas mantendo a lei o mesmo objetivo*. Por conseguinte, continua a não se poder refutar judicialmente um facto comprovado pelo registo sem que este também seja simultaneamente impugnado.

[97] Em nota precedente citei *O Registo Predial*. Mas também anteriormente o Autor expôs a mesma opinião no cit. *Curso de Direitos Reais* (a p. 143).

não desvendei uma expressão que mais sugestiva ou apropriadamente pudesse assinalar do que se trata[98].

E cabe perguntar: afinal ao que me quero referir? Esta interrogação deve ainda, mais explicitamente, ser decomposta nas seguintes questões:

1 – O que se pretende significar com "oficiosa e simultânea feitura de registos"?
2 – Trata-se de um *princípio*?
3 – Confirmando-se que é um princípio, que efeitos tem?

1.1 – Para responder singelamente à primeira das questões dir-se-á que se trata da oficiosidade – de um dos excecionais casos de oficiosidade[99] – da "inscrição de factos constituídos simultaneamente com outros sujeitos a registo", para repetir a epígrafe do artº 97º. E acrescentamos: embora a *oficiosidade* dessa inscrição seja uma das novidades do Código de 84, o teor da epígrafe existe (e para expressar idêntico objetivo), há muitos anos: v.g. no anterior Código de 1967 no artº 185º, no de 1959 no artº 182º, no de 1929 no artº 228º, afigurando-se desnecessário recuar ainda mais.

E o que basicamente diziam todos esses preceitos? *Que "a inscrição que envolva o registo de transmissão do domínio ou mera posse acompanhada da constituição de outro facto sujeito a registo relativo ao mesmo prédio, mas ainda não registado, não pode efectuar-se sem que simultaneamente seja requerido e se efectue o registo desse facto"*, pelo que, como disse DIAS MARQUES (e referi em nota anterior), tratava-se de uma inscrição cumulativamente necessária.

[98] Ainda que, ao tempo do CRPred. de 1959, o Professor DIAS MARQUES (que saudosamente recordo) referia, a respeito deste tema, que se tratava de uma "inscrição cumulativa necessária". Considero que esta designação era exata e feliz. Traduz a ideia, mas para aludir à *inscrição* que, à face daquele Código, devia ser *recusada* e não para, à luz do Código atual, designar um princípio de *oficiosidade*: no caso, o de que os registos daqueles factos constituídos simultaneamente *têm de ser feitos oficiosamente.*

[99] Considero que os casos de oficiosidade são *excecionais*: artº 41º (*salvo* os casos de oficiosidade previstos na lei). No entanto, alguns deles têm notória importância, como é o caso *supra* mencionado, bem como os dos art.ºs 90º, 92º/7, 87º/2 e alguns outros *taxativamente* mencionados. Cabe ainda acentuar que o conservador *não pode efetuar qualquer registo que não tenha sido pedido e apresentado* se, nessa hipótese, a oficiosidade não estiver *expressamente* prevista na lei. Aliás, caso o fizesse, o registo seria nulo (artº 16º, e) do CRPred).

Por conseguinte: a inscrição referente a um registo de transmissão em que *conjuntamente com a transmissão* foi convencionada a constituição de outros direitos registáveis *só podia ser feita* se *também se requeresse a inscrição desses outros direitos* (ou eventualmente, se tal tivesse sido convencionado, que fosse cancelada alguma inscrição, visto que o cancelamento também é um facto sujeito a registo).

O que está em causa é a circunstância de *ao mesmo tempo* em que se convencionou uma transmissão *também* se acordou a constituição de um outro direito. Desta *coexistência* decorre a ideia de que *a convenção negocial é uma só*, mas que abrange outro ou outros direitos além da transmissão do domínio ou mera posse Como bem notou GAMA VIEIRA, "a simultaneidade das inscrições depende da *simultaneidade da constituição* dos factos sujeitos a registo"[100].

Para melhor apreciação citemos dois simples e vulgares exemplos: 1) A doa a B determinado prédio e, aquando da doação, reserva o usufruto sobre o mesmo. 2) C vende a D um prédio, mas como não lhe foi paga a totalidade do preço, no título translativo foi simultaneamente constituída uma hipoteca sobre esse prédio para garantia do pagamento da restante parte do preço em dívida. Ou, além da constituição da hipoteca, o adquirente ficou outrossim obrigado a promover o cancelamento de outra anterior.

1.1.1 – Ainda que muitos mais exemplos se pudessem dar – trata-se de situações frequentes em qualquer conservatória –, os que acabaram de se referir são suficientes para se compreender o que está em causa: se *apenas* se pudesse registar a aquisição e não também *concomitantemente* o outro direito simultaneamente constituído, decorria que o registo *ficava a conter um erro grave.* Nos exemplos que demos, resultava que o prédio *estava livre* de ónus ou encargos, quando, de harmonia com

[100] Cf. VIEIRA, ABEL AUGUSTO VEIGA DA GAMA – *Código do Registo Predial, Anotações*. Coimbra: Coimbra Editora, 1960, p. 156 (em comentário ao artº 182º do Código de 1959). É evidente que se o "outro facto" não foi constituído *simultaneamente* (por ex: o usufruto já tinha sido reservado tempos antes da doação) não se aplica o princípio que ora tentamos expor. Também não se aplica se, porventura, a mesma escritura contiver (como pode conter) outros actos *alheios* ao acordo translativo, isto é, que não lhe são inerentes, como o são nos casos que exemplificamos.

o negócio causal, se devia concluir que *os tinha*. E, na última hipótese, ainda subsistia registada uma anterior hipoteca, apesar de já dever ter sido promovido o seu cancelamento.

Reiteramos que têm de se inscrever *todos* os direitos, porque foi essa a inequívoca vontade dos outorgantes. O acordo contratual (falamos apenas de contrato por ser o negócio paradigmático, mais vulgar e de simples exemplificação) que visou "estabelecer uma composição unitária de interesses"[101] implicou, nos casos citados, uma *vontade negocial* da constituição "conexa" e "simultânea" de um *outro direito*. Expliquemos: no primeiro exemplo o doador provavelmente não doaria se *ao mesmo tempo* não reservasse o usufruto; no segundo, o vendedor certamente não venderia se *não ficasse logo garantido* o integral pagamento do preço pela hipoteca simultaneamente constituída.

Contudo, deve ainda dizer-se: ao Registo Predial, nos citados exemplos, *não cabe averiguar* se o doador doaria ou não e se o vendedor venderia ou não. Cabe, sim, *consignar com integral verdade* a dita "composição unitária de interesses", ou seja, as "tábuas" devem refletir cabal e fielmente *todo o acordo negocial* que envolveu outro(s) direito(s) simultaneamente constituído(s) com a "aquisição ou mera posse" (doravante falaremos apenas da *aquisição*, já que o registo da mera posse, na realidade, praticamente nunca se faz) .

1.1.2 – Foi esta a razão determinante, mesmo nos códigos anteriores, da impossibilidade de se lavrar "o registo de transmissão, domínio ou mera posse acompanhada da constituição de outro facto sujeito a registo relativo ao mesmo prédio" sem que *também*, na mesma altura, "seja requerido e se efectue o registo desse facto."

Repetimos: sem que também "seja requerido". Portanto *a lei condicionava* a possibilidade de ser feito o registo de transmissão (do domínio ou mera posse) ao facto de ser *conjuntamente pedido* o registo do outro, ou dos outros, direitos constituídos simultaneamente e sujeitos a registo. Caso esse pedido não fosse feito, o pretendido registo de transmissão

[101] A expressão é de ANTUNES VARELA (Cf.: VARELA, JOÃO DE MATOS ANTUNES, *Das obrigações em geral*. 9ª ed. Coimbra: Almedina, 1998. Vol. I, p. 223 e bibliografia citada em nota).

teria de ser *recusado*. Com efeito, constituía uma das situações em que a recusa era imposta por lei (cf. artº 243º, nº 1, d) do Código de 1967; 241º, 241º, nº º 1, c) do Código de 1959 e idênticas disposições de códigos anteriores).

Estes casos de recusa eram, aliás, frequentes, até porque bastantes interessados ignoravam que eram obrigados a pedir não apenas a inscrição de transmissão, mas também, ao mesmo tempo (entendia-se até que no mesmo requerimento), os daqueles outros "factos constituídos simultaneamente"[102].

1.1.3 – Como consta do preâmbulo do Dec-Lei nº 224/84, de 6 de junho, que aprovou o atual Código, visou-se neste diploma, entre outros objetivos que referimos, "conseguir, na prática, o equilíbrio entre os meios disponíveis e os fins de implementação e simplificação do registo predial".

Sucede que uma das situações objeto de maiores críticas era justamente a ocorrência de bastantes casos de recusa. Por isso, ao que soubemos, foi com uma intenção simplificadora que a nova lei eliminou a aludida causa de recusa, mas introduziu, *para alcançar o mesmo propósito* – subjacente à necessidade do simultâneo registo do outro facto – a *oficiosidade* que ficou prevista no artº 97º, nº 1.

Com esta oficiosidade o legislador quis que o registo, independentemente do modo como foi requerido, respeitasse a plena *verdade do acordo contratual*, de modo a observar, como se notou, a ajustada "composição unitária de interesses". E, por isso, o conservador *é obrigado* a registar os outros factos sujeitos a registo ou a extinção de facto registado, quer o interessado o tenha requerido, quer não, *quer até declare expressamente que não pretende que esses registos sejam feitos*, eles têm *sempre* de o ser. Com efeito, a realização desses registos é *necessária* para que o sistema registral traduza a verdade e, por isso, *não está na disponibilidade dos interessados* a feitura ou não feitura dos mesmos.

[102] Uma vez que estava em causa a *unidade do contrato*, a lei era clara: exigia a *simultaneidade* na constituição dos factos sujeitos a registo *conjuntamente* com a aquisição.

1.1.4 – Temos falado do princípio instituído pelo nº 1 do artº 97º. Mas devemos ter uma palavra sobre o que preveem os nºs seguintes. Quanto a eles direi apenas que tratam de meras questões de facilitação de procedimentos em caso de diminutas dívidas de tornas, bem como no de determinados legados, que, nos termos legais, gozam de hipoteca legal.

Em teoria, essas hipotecas legais constituídas simultaneamente por força de uma aquisição sucessória com dívidas de tornas, deviam ser registadas quando fosse inscrita a aquisição, em consequência do princípio da "inscrição cumulativa" a que nos vimos referindo. Todavia, em termos práticos, não faria sentido que o princípio fosse igualmente aplicável quando, por ex. o emolumento da inscrição resultasse maior do que o valor da própria torna que a hipoteca pretendia garantir. Por isso, o legislador *dispensou* a feitura da inscrição de hipoteca legal quando a torna ou o legado tivessem muito pouco valor (que vai sendo atualizado, consta do nº 2 do artº 97º). É claro que se os interessados quiserem podem sempre e a todo o momento registar a hipoteca.

O último número do artº 97º apenas dispõe sobre a forma dos recibos de quitação das tornas e dos legados, considerando que, tendo os requisitos indicados, "são formalmente suficientes para comprovar a extinção das dívidas de tornas ou de legados".

2 – Procuremos agora, e muito resumidamente, responder á segunda pergunta *supra* efetuada: Trata-se realmente de um *princípio de registo*?

Ao iniciar o presente capítulo, sinteticamente referi que estes princípios constituem as regras básicas que caracterizam e são cruciais, genéricas e estruturantes, tanto jurídica como organizacionalmente, de um sistema de registo. Ainda que esta seja uma noção abreviada do que se deve entender por um "princípio de registo", afigura-se que permite aquilatar se a indicada norma do artº 97º/1 tem, ou não, tal carácter de fundamentalidade, na essência, no âmago e nos fins do nosso sistema registral. Mais: se estabelece com o necessário "grau de abstração" um requisito fundamental e juridicamente relevante do registo, especialmente para que as inscrições, conforme imperativo legal, espelhem integral e fielmente a completa e rigorosa verdade da declaração negocial constante do título que as vai basear.

Para responder afirmativamente comecemos por recordar o mencionado "elemento histórico", visto que "devem ter-se em conta todos aqueles dados ou acontecimentos históricos que expliquem a lei"[103] ou, como ensinou GALVÃO TELES, "o Direito que hoje nos rege tem atrás de si um larguíssimo passado e quase todos os preceitos que estão em vigor têm um antecedente histórico"[104]. E foi precisamente isso, como se verifica pelo que *supra* se disse, o que ocorreu com o artº 97º/1.

Com efeito, se os referidos actos constituídos simultaneamente com o de aquisição não fossem requeridos, o registo era *recusado* e nem sequer como provisório podia ingressar no sistema. Ou seja, tratava-se de uma norma *crucial* (dir-se-ia, *decisiva*), genérica, estruturante e abstratamente aplicável a todas as idênticas situações, contendo por conseguinte os requisitos próprios de um princípio de registo.

Procuramos justificar o contexto da *oficiosidade* estabelecida no artº 97º/1. Explicitamos que teve a origem e a finalidade de obter o mesmo resultado que na legislação anterior era alcançado com a mencionada causa de *recusa*: a necessidade de ser *sempre* feito o registo "do outro facto" constituído simultaneamente.

Além disso, e como o sistema de registo é *um todo*, devemos igualmente pensar que as presunções de verdade e de exatidão estabelecidas no art.º 7º *não se cumpririam* se não traduzissem fielmente a mencionada "verdade do contrato".

Estas ideias-chave permitem deduzir que a indispensável "complementaridade inscritiva" prevista no citado nº 1 do artº 97º constitui *um princípio de registo*. É certo que nunca o vi, como tal, indicado. Todavia, ao que penso, e como tentei demonstrar, trata-se inquestionavelmente de uma norma estruturante do sistema registral, da sua credibilidade dos seus objetivos principais, acrescendo que, caso não fosse cumprida pela conservatória, daria lugar à *nulidade* do registo.

Deste modo, concluo reiterando que o mencionado artº 97º/1, por todos os indicados motivos e por conter uma norma medular dentro do ordenamento registral português, consagra *um princípio de registo*.

103 A frase é de OLIVEIRA ASCENSÃO, *in* citado *O Direito*, p. 412.

104 Cf. TELES, INOCÊNCIO GALVÃO, *Introdução ao Estudo do Direito*, Vol I, Lições policopiadas, Lisboa, AAFDL, 1988 , p. 176.

3 – Num último ponto questionava o seguinte: se é um princípio, que efeitos tem?

A resposta afigura-se fácil: o cumprimento do disposto no nº 1 do artº 97º destina-se a que fique registada a *verdade integral do acordo negocial*, mormente quando este acordo, além da aquisição do imóvel, abranja outro ou outros factos sujeitos a registo. Por seu turno, o incumprimento tem o efeito fulcral de gerar a *nulidade* do registo se apenas tiver sido lavrada a inscrição da aquisição. E isto porque: 1) o artº artº 97º, nº1, é uma norma imperativa; 2) a violação de lei imperativa gera a nulidade do acto: na lei substantiva, o artº 294º do C.C. é uma disposição genérica que conduz a esta interpretação; 3) também na lei registral a al. c) do artº 16º do C.Reg.Pred. considera (além do mais) que o registo é nulo quando enfermar de omissões que ocasionem incerteza acerca do objeto da relação jurídica a que o facto registado se refere. Ora tal objeto engloba *todo o conteúdo* do negócio jurídico[105] (como se exemplificou, v.g., a doação e a simultânea reserva de usufruto).

Por conseguinte, nos actos aquisitivos da propriedade (e similares) acompanhados da constituição de outros factos sujeitos a registo (ou da extinção de factos registados) a lei determina a realização oficiosa do registo desses factos. Esta oficiosidade, se não cumprida, para além de violar um dos essenciais princípios de registo, determina a nulidade do acto que tiver sido registado, além das consequências respeitantes à responsabilidade civil a que o incumprimento possa ter dado causa.

[105] Falamos aqui do objeto negocial no sentido do *conteúdo* do negócio jurídico, como refere Manuel de Andrade (Cf.: ANDRADE, Manuel Augusto Domingues de: *Teoria Geral da Relação Jurídica*. Coimbra: Almedina, 1987. Vol. II, p. 326).

CAPÍTULO III
A *VEXATA QUESTIO* DA POSSE E DO REGISTO

1 – Devo fazer um esclarecimento prévio: quando no presente capítulo menciono a palavra *posse*, não é para abordar a dogmática[106] (já brilhante e copiosamente tratada) e o regime desta clássica figura jurídica "com antecedentes que remontam ao período arcaico do Direito romano", tendo perdurado ao longo do tempo, e sucedendo que "todas as ordens jurídicas do sistema romano-germânico a regulam, com maior ou menor desenvolvimento"[107]. Nem tão-pouco pretendo debater os fundamentais requisitos da posse que a abundantíssima doutrina tem estudado. No tocante aos meios processuais, estão igualmente fora do âmbito deste texto, se bem que se reconheçam os seus préstimos e até a sua indispensabilidade em diversas situações.

Consequentemente, não tenho em vista questionar ou apurar os aspetos teóricos da doutrina da posse – o *corpus*, o *animus*, a posse "subjetivista" (Savigny) e a "objetivista" (Jhering) e as respetivas críticas, em suma, os múltiplos problemas que se suscitam e que têm sido objeto de doutas obras. E, dizendo isto, também neste capítulo não intentarei analisar o fundamental das funções, das vicissitudes e das peculiaridades da posse ou o seu objeto, em especial na esfera dos Direitos Reais.

[106] Diz Menezes Cordeiro que "a posse, porém, e antes do mais, é uma realidade dogmática". Cf: CORDEIRO, António Menezes: *A Posse: Perspectivas Dogmáticas Actuais*. Coimbra: Almedina, 2º Reimp. Da 3ª ed., 2005, p. 13). Todavia, o presente capítulo, não tem por objeto o *estudo do instituto da posse*, mas apenas o confronto entre esta – ou melhor, entre a usucapião como efeito desta – e o Registo.

[107] É com estas expressões que José Alberto Vieira começa a "Introdução" à sua monografia sobre a posse. Depois, dedica todo o *Capítulo Primeiro* ao tema "A Posse no Direito Romano" (*Vide*: VIEIRA, José Alberto: *A Posse*. Coimbra: Almedina, 2019, p. 7 e o Capítulo Primeiro pp.15– 202.

No entanto, na sequencia das razões seguidamente invocadas não deixarei de abordar o aspeto *publicitário* que, na conhecia expressão de Carlos Ferreira de Almeida, é o relativo à *publicidade espontânea* própria da posse, em comparação com a racionalizada e a registral[108]. A este propósito, procurarei refletir como, na *prática e na atualidade* se pode compaginar o *conhecimento* da posse com a real, verdadeira e efetiva *publicitação dos direitos* e, designadamente, com o seu efeito aquisitivo – a *usucapião* – e qual a relação que este instituto *hoje em dia* tem, ou deve ter, com o Registo Predial e com a mencionada a *segurança do comércio jurídico imobiliário.*

2 – No confronto entre os efeitos da posse – e aqui importa apenas o da usucapião – e os do registo a orientação dominante (jurisprudencial e doutrinária) tem seguido o entendimento manifestado por Oliveira Ascensão, que o fundamentou legalmente na disposição do artº 1268º/1 do C.C., e o sintetizou na conhecida frase "a base de toda a nossa ordem imobiliária não está no registo, mas na usucapião". Esta frase, que muitos consideram *lapidar* – e, estranhamente, imutável para todo o sempre – foi expressa há mais de 46 anos (e de 10 anos antes da primeira versão do atual CRPred,) num conhecido artigo[109] e justificada com o apoio daquele argumento legal e, além disso, por o Autor considerar que se deve manter "a relevância em última análise da usucapião, que é uma das grandes heranças do Direito Romano" e ainda porque assegura "a preferência da dimensão humana, no contacto com os bens, em relação à lógica do mercado"[110].

O Professor é claro a dizer que a sua posição radica numa ética *humanista*. Todavia, com o novo milénio, muito mudou e também nasceu o que o reputado historiador Noah Harari, intitulou "a idade das compras".

[108] Cf: ALMEIDA, Carlos Ferreira de: cit. *Publicidade e Teoria dos Registos.*, em síntese no quadro de p. 51.

[109] Conhecemos o artigo do citado Autor desde 1974. *Vide*: ASCENSÃO, José de Oliveira: «Efeitos substantivos do registo predial na ordem jurídica portuguesa», *in* "Revista da Ordem dos Advogados", ano 34, Jan-Dez. 1974, pp. 43-46.

[110] Cf.: ASCENSÃO, José de Oliveira, *Direito Civil-Reais.* 4ª ed. Coimbra: Coimbra Editora, 1983, p. 370.

Ademais este Autor considera que, à luz da realidade dos factos, "surgiu um novo tipo de ética: a ética do consumismo."[111]

Quanto ao Registo Predial: apesar do referido artigo ter sido escrito muito antes do atual CRPred. (e, portanto, do que instituiu o "Novo Registo"), nele também se diz que, mormente depois do Código de 1959, "a atitude intelectual perante o registo vai-se modificando recentemente. A doutrina compreendeu a importância do registo predial, que surgia já como condicionante das próprias situações jurídicas de que se ocupava". E o Autor entende que o registo português visa a proteção da aparência jurídica e "é um sistema de transição, e de transição sob muitos pontos de vista: de transição da facultatividade para a obrigatoriedade, do sistema francês para o sistema de garantia do tráfego, etc."[112]. Só que, apesar de ter dito isto e da legislação ter mudado radicalmente, nunca li que tivesse "amenizado" a desclassificação atribuída ao Registo Predial.

Menezes Cordeiro (assim como outros conceituados autores) também entende que a usucapião (*auto-suficiente*) prevalece sobre o Registo. Explica: "Assim, a usucapião sobrepõe-se ao registo (*usucapio contra tabulas*), constituindo, por isso, a base do nosso ordenamento dominial"[113].

Oliveira Ascensão, embora tendo feito a apologia da usucapião, reconhece, todavia, que atualmente "na Alemanha, pelo contrário, a *Ersitzung* [usucapião] é instituto de muito escassa relevância".[114] Mas, esta *escassa relevância* não se verifica apenas na Alemanha (onde melhor se compreenderia). Também em Espanha[115] e noutras latitudes – nas

[111] Cf: HARARI, Yuval Noah: *Sapiens, História Breve da Humanidade.* 12ª ed.. Amadora: Elsinore, 2018, p.406. Depreende-se bem que este Autor não pretende *louvar* esta nova "ética". Pelo contrário. Mas reconhece a realidade hodierna.

[112] É claro que, ao tempo em que Oliveira Ascensão escreveu o artigo – há quase 50 anos e no domínio do antigo CRPred. – o citado "sistema de transição" era realmente o que existia. Mas, presentemente, quando há 36 anos vigora o novo Código e, designadamente, a legitimação dispositiva e depois de 2008 a obrigatoriedade de registar, já as supracitadas considerações se afiguram ultrapassadas.

[113] Cf: CORDEIRO, António Menezes: cit. *A Posse...*, pp.130/1.

[114] Cf.: ASCENSÃO, José de Oliveira, *Direito Civil-Reais*, citada 4ª ed., nº 179, p. 367 nota (1) e também na 5ª ed. refundida, nº 187, p. 382 nota (1). Apesar disso, o Professor , tratando do nosso Direito, deu àqueles nºs o título: "A relevância da usucapião".

[115] No texto citamos Fernando Méndez, mas afigura-se-nos igualmente clara a lição de Gómez

quais penso que devemos incluir Portugal[116] – se pode confirmar hoje em dia essa "escassa relevância", ou mesmo *excecionalidade*, como iremos procurar expor.

De momento diremos apenas que muitos dos princípios e das "grandes heranças do Direito Romano" – e não se evidencia que presentemente a falada supremacia da usucapião se mantenha e continue a granjear o altíssimo qualificativo de "grande herança"[117] – *mostram-se inaplicáveis* na vigente e radicalmente diferente "sociedade da informação", do *anonimato*, da globalização, da pressa, da ligeireza – onde quase nada perdura –, da urgência (ou, talvez melhor, da *instantaneidade*), da contratação eletrónica e da *internet*, cujos objetivos, procedimentos e entendimentos são manifestamente díspares daqueles que vigoraram desde os tempos do Império Romano até ao último quartel do século passado.

Além disso, como acentua FERNANDO MÉNDEZ, o princípio (entre outros, considerados axiomáticos) do "*nemo dat quod non habet* – e a sua consequência inevitável *ubi rem meam invenit ibi vindico* – exige irrecusavelmente que se tenha adquirido do *verus dominus* (...)" e atualmente o próprio "Estado – ou qualquer forma de autoridade – também tem interesse em que se desenvolvam formas notórias de contratação [designadamente para fins tributários] que intentem suprir as deficiências da posse (...)". Observa ainda, pertinentemente: "as insuficiências funcionais da posse resultam, pois, óbvias. Desde logo, tais insuficiências deixam-se sentir menos em sociedades mais primitivas, compostas

GÁLLIGO e DEL POZO CARRASCOSA quando dizem: "se tivéssemos em conta unicamente considerações fácticas, como a aparência da posse, isso poderia resultar muito prejudicial para o potencial adquirente (...que) necessita de uma instituição [o Registo Predial] que lhe garanta que aquele que vende é o autêntico proprietário desse imóvel".(*Vide*: GÓMEZ GÁLLIGO, FRANCISCO JAVIER e DEL POZO CARRASCOSA, PEDRO, *in* citadas *Lecciones de Derecho Hipotecario*, p. 15).

116 Atenta sobretudo a interpretação que deve ser dada ao artº 1268º/1 do C.C. em confronto com as já focadas normas do atual CRPred. à luz do disposto no artº 62º/1 da Constituição.

117 Diz o douto Romanista SANTOS JUSTO, referindo-se ao Direito Romano, que a usucapião, "é um modo de aquisição originária da propriedade exclusivo dos cidadãos romanos (...)" [e sabemos que estes eram os *patrícios*, um pequeno grupo de cidadãos, a que acrescia o muito maior número de plebeus e de clientes. Os escravos não eram considerados cidadãos]. Esclarece ainda que "a *justa causa* e a *bona fides* devem estar presentes para que a posse conduza à aquisição da propriedade por usucapião", o que é bem diferente dos atuais requisitos. *Vide*. JUSTO, ANTÓNIO DOS SANTOS: *Breviário de Direito Privado Romano*. Coimbra: Coimbra Editora, 2010, p. 293 e p. 295.

por comunidades pequenas, integradas por um número relativamente diminuto de sujeitos entre os quais há um alto grau de conhecimento recíproco, com uns níveis de especialização e de divisão do trabalho rudimentares, com um volume de circulação imobiliária muito escasso, pois os imóveis utilizam-se preferentemente para produzir a própria subsistência em lugar de para comerciar" [118]. Acrescentaríamos: nesse tempo a posse era *ostensiva*. Sabia-se, com elevado grau de acerto, de quem eram os prédios. Hoje em dia, quando muito (as multidões ignoram *as pessoas*), *suspeita-se* que o prédio X seja de A. Realisticamente, direi que existem, quando raramente chega a haver alguma perceção, *opiniões*, não *certezas*.

Complementando esta ideia, também se pode enunciar que "se tivéssemos em conta unicamente considerações fácticas, como a aparência da posse, isso poderia resultar muito prejudicial para o potencial adquirente, pois, por exemplo, o prédio em causa podia estar ocupado por um arrendatário, por um usufrutuário, ou podia acontecer que simplesmente tenha sido um «precarista» quem realizou a venda, e a tenha vendido com anterioridade a outra pessoa"[119].

Quanto à "preferência da dimensão humana, no contacto com os bens, em relação à lógica do mercado", adiante voltaremos ao tema, dizendo desde já que os "aspetos humanos" no contacto com os bens se têm sempre de compaginar com a *justiça*, com a *verdade*[120] e com o compromisso da *função social* (e não apenas individual) desses mesmos bens e sem esquecer as necessidades concretas que eles devem satisfazer. Além de que uma das *exigências* do "estatuto" dos bens é serem *transacionáveis* em *óbvia obediência às leis do mercado* – incluindo às da contratação à distância – e com a possível garantia de segurança das operações negociais.

[118] Cf.: MÉNDEZ GONZÁLEZ, FERNANDO, *in* cit. *De la Publicidad Contratual...* , respetivamente pp.57 a 61.

[119] A frase é de GÓMEZ GÁLLIGO e DEL POZO CARRASCOSA (Cf: GÓMEZ GÁLLIGO, FRANCISCO JAVIER e DEL POZO CARRASCOSA, PEDRO: cit. *Lecciones de Derecho Hipotecario*, 2ª ed., 2006, p. 15)

[120] Digo apenas isto: quem teve a experiência prática de ter sabido de verdadeiros "golpes" consumados com base na pretensa prevalência e no valor da usucapião, passa a achar *ser seu dever moral* colocar dúvidas à suposta primazia da usucapião.

Deste modo, parece-me que o fator da dimensão humana não é incompatível com a lógica do mercado – pelo contrário –, porque esta, até pela sua técnica e *legal regulação*, equilibra, complementa e concretiza *na prática* a ordenação do domínio.

Em resumo: no *globalizado* mundo atual, cada vez menos estável e mais complexo, para podermos sobreviver com *normas* e em paz social – isto é, com o Direito e "uma ordem da sociedade"[121], incluindo ao nível internacional –, todos precisamos de regras, de certezas e *de instituições*[122] que proporcionem e garantam essas premissas. E quem o faz ou tem condições para o poder fazer? Será o Registo ou a usucapião? A resposta a esta questão, a meu ver, irá ajudar a interpretar a hodierna valia do artº 1268º/1 do C.C.

3 – Um atributo essencial (e indiscutível) da posse é o seu caráter *público*. E este caráter público, no que toca à posse conducente à usucapião, tem de evidenciar (como se recordou e se tem por pacificamente aceite) *no mínimo* a sua cognoscibilidade pelos próprios interessados[123], a qual deve ser "valorada em termos *objetivos* e não *subjetivos*. Se o exercício for tal que uma pessoa de normal diligência dele se aperceba, a posse é pública"[124]. O exercício da posse tem de "ser perceptível". "A posse implica o controlo material das coisas corpóreas. Como tal, o seu exercício é perceptível, no espaço jurídico, pelos diversos mem-

[121] A frase é de Oliveira Ascensão, que considerou: "*O Direito é uma ordem da sociedade*" (*vide: cit. O Direito*, p. 14).

[122] Baptista Machado, ao introduzir o tema do *Direito* como "Realidade Social" escreveu: "(...) o homem necessita de criar instituições, de instituir coordenadas que lhe permitam encontrar um rumo de acção (...)" (Cf. cit. *Introdução ao Direito e...*, p. 7).

[123] Referimo-nos à cognoscibilidade *pelos próprios* interessados,dado que resulta do artº 1262º do C.C. Mas, como no texto se dirá, a posse também deve ser *manifesta*. Explicou Orlando de Carvalho, referindo-se à sonegação ou dificuldade de conhecimento da posse, que "nem por isso esta deixará de ser pública se for exercida com *a exteriorização* correspondente à normal utilização da coisa" (cf. CARVALHO, Orlando de: *Direito das Coisas*, edição coordenada por Francisco Liberal Fernandes, et. al., Coimbra: Coimbra Editora, 2012, pp. 286 e ss. e *Revista de Legislação e Jurisprudência*, Ano 123º, nº 3792, pp 72-74).

[124] A citação é de Carvalho Fernandes (Cf.: FERNANDES, Luís Alberto Carvalho – *Lições de Direitos Reais*. Lisboa: *Quid Juris?*, 2003, p.286). Menezes Cordeiro também diz: "O Código Civil vigente consagra, para nós, o conceito objectivo da posse" (Cf.: CORDEIRO, António Menezes: *cit. Direitos Reais*, p. 404).

bros da comunidade. A posse *vê-se*". O Direito associa, assim, determinados efeitos *à demonstração exterior da sua existência*"[125].

Por conseguinte. qualquer pessoa[126] que tenha um "comum discernimento" deve poder tomar dela conhecimento. José Alberto Vieira ao referir-se à *estruturante exteriorização* do Direito, concorda com a indispensabilidade dessa pública manifestação. Diz: "A afirmação ou exteriorização de um direito constitui o elemento estruturante da posse que acresce ao *corpus* da teoria objectivista de Jhering"[127].

Também Moreira Alves, citando Jhering, fala do "poder sobre a coisa" e da "*exterioridade dos direitos*" [que não só *exterioridade* da propriedade] e conclui que a "posse (...), consequentemente, pode ser considerada como o *exercício* ou a *exterioridade de um direito*"[128].

Manuel Rodrigues no seu clássico estudo sobre a posse salienta: "A publicidade é um elemento integrante do facto possessório, porque é por ela que *ele adquire um valor social*"[129]. E muitos outros autores (que nesta síntese é dispensável mencionar) corroboram este entendimento de que o exercício da posse tem de ser manifestamente apreensível "pelos diversos membros da comunidade".

3.1 – Em face destas incontroversas generalidades doutrinárias considero oportuno (como em anteriores estudos) questionar o seguinte: no *anonimato,* distanciamento, pressa e desinteresse pelo outro em que, salvo em raríssimos casos. atual e vertiginosamente se vive, qual é a "pessoa

[125] A frase é de Menezes Cordeiro, mas itálico da última linha nosso. (Cf.: CORDEIRO, António Menezes, *cit. A Posse*, p.115).

[126] À face do disposto no artº 1262º "posse pública é a que se exerce de modo a poder ser conhecida pelos interessados" (sendo estes todos quantos possam ser direta ou indiretamente afetados). Todavia, que para a posse tenha o requisito da publicidade é também necessário (artº 1251º) que se verifique claramente a prática de um "poder que se manifesta" (um "poder de facto" que se traduz *numa atuação que se revela*). Assim, a doutrina maioritária conclui que se a posse é exercida de modo *a não ser cognoscível por qualquer pessoa de normal diligência*, ao seu exercício falta esse requisito da publicidade.

[127] Cf: VIEIRA, José Alberto: cit. *A Posse*, p. 484.

[128] *Vide:* ALVES, José Carlos Moreira: *Posse – Estudo Dogmático.* Rio de Janeiro: Forense, 1991. Vol. II, 1º Tomo. pp. 12/13.

[129] *Vide:* RODRIGUES, Manuel – *A Posse.* 3ª ed. Coimbra: Almedina, 1981, p. 187, mas itálico nosso, pois cremos que deve ser ressaltado que a valia social, ou decerto a *eficácia* da posse, tem de considerar-se condicionada pela existência daquela publicidade.

de normal diligência" que pode identificar quem possui alguns dos "andares" situados na própria rua e até no mesmo prédio em que habita? Ou quem tem a posse dos terrenos da aldeia em que vive ou passa férias? E mesmo que conheça uns poucos, sabe reconhecer os que possuem como proprietários, arrendatários, ou só comodatários porque foi o amigo que simplesmente emprestou o prédio para não «ficar a monte» ou porque estava devoluto?

De facto, na cidade ou no campo, ao contrário do que ainda há poucos anos acontecia, presentemente – todos o sabemos – a generalidade dos cidadãos desconhece *os seus próprios vizinhos* e não sabe quem possui os predios, rústicos ou urbanos, mesmo quando situados no mesmo lugar da freguesia. E até nos casos em que as pessoas se conhecem, normalmente ignoram as relações que elas têm com os próprios imóveis que habitam.

É uma realidade indesmentível que as velhas relações de proximidade, de conhecimento, de convivência, de confiança recíproca, se esbateram ou desapareceram quase por completo.

Por outro lado, ainda ao tempo em que foi preparado e publicado o Código Civil a propriedade (e outros direitos sobre as coisas) era privilégio de poucos. E praticamente todos eles eram conhecidos "pelos diversos membros da comunidade". Nos últimos tempos, porém, deu-se uma inversão, um fenómeno bem recente, cujos efeitos, embora geralmente reconhecidos, parece que ainda não foram suficientemente ponderados pelos juristas: a propriedade, nomeadamente sobre os imóveis, multiplicou-se, popularizou-se, *democratizou-se*: os proprietários passaram a ser aos muitos milhares. Acresce que a velocidade das transações acompanhou e potenciou essa multiplicação. São inúmeras as transações: compras, permutas, trespasses, enfim, os mais diversos atos e contratos que quotidianamente se celebram.

De toda a descrita situação da vida atual, a meu ver, fica claro que a posse não tem hoje idêntica *notoriedade* – e veracidade enquanto "exteriorização de um direito" – que ainda há bem poucos anos incontroversamente tinha. Do que resulta uma consequente perda da tradicional relevância prática da mesma, bem como da sua secular justificação e valia.

3.2 – Esta *alteração das circunstâncias* de ordem social (que, evidentemente, nada têm a ver com as previstas no artº 437º do C.C.), ainda que rara no âmbito dos Direitos Reais, afigura-se que, no domínio da ostensividade e percetibilidade da posse, é óbvia.

E a visibilidade mostra-se indispensável, pois, como elucidou MENEZES CORDEIRO, na – essa sim, *lapidar* – frase que *supra* citamos, "a posse implica o controlo material das coisas corpóreas. Como tal, o seu exercício é perceptível no espaço jurídico. A posse *vê-se*". E, tal como interpreto, porque se reconhece a sua evidência e percetibilidade por qualquer interessado, é que "o Direito associa determinados efeitos à demonstração exterior da sua existência"[130].

JOSÉ ALBERTO VIEIRA na sua recente e desenvolvida monografia sobre a posse, liga a *"exteriorização de um direito"*[131] ao *corpus* possessório e à doutrina objetivista em que a "estrutura da posse assenta, assim, num único elemento positivo (o *corpus* possessório) e pressupõe um outro negativo (a inexistência de norma que exclua a posse)..."[132]. Estou de acordo que o *corpus* constitui elemento fulcral da posse – do qual se tem mesmo considerado que decorre o *animus*[133] – e que, como *poder de facto* sobre a coisa, *deve ser exercido publicamente.* No caso, este conceito, como explicou ORLANDO DE CARVALHO, não é o do artº 1262º do C.C. "Do que se trata aqui é de que a prática de poderes empíricos sobre a coisa se processe publicamente, *à luz de quantos participam no círculo social em que o domínio se exerce*"[134]. Supomos que esta síntese é de tal modo clara que se afigura supérfluo insistir neste ponto.

[130] Cf. MENEZES CORDEIRO *in* cit. *A Posse..*, As expressões referidas estão a p. 115. No início deste expressivo estudo, o Autor apresentou esta *ideia geral*: "A posse exprime uma situação na qual uma pessoa tem o controlo material duma coisa" (*idem*, p. 7). Também PINTO DUARTE diz que "no campo do Direito, a ideia de posse envolve, a maior parte das vezes, uma qualificação (positiva) de uma detenção". (Cf: cit. *Curso*, p. 321).

[131] OLIVEIRA ASCENSÃO também diz que "a posse é a exteriorização de um direito" (Cf. *cit. Direito Civil-Reais*, p.69). Adiante explica:" a posse não é oponível erga omnes, é um direito relativo" (*idem*, p. 135).

[132] Cf. JOSÉ ALBERTO VIEIRA: cit. *A Posse*, p. 482.

[133] Cf. MENEZES CORDEIRO *in* cit. *A Posse..*, pp. 67/68. Por seu turno, ORLANDO DE CARVALHO (*in* cit. *Direito das Coisas*, p. 297) diz que "*animus* e *corpus* estão numa relação biunívoca: não há *animus* sem *corpus*, nem *corpus* sem *animus*...)".

[134] Cf. ORLANDO DE CARVALHO *in* cit. *Direito das Coisas*, p. 296, mas itálico nosso.

Face à *supra* descrita vivência atual de um mundo globalizado em que ninguém se conhece e muito menos sabe quem é o *verus dominus* e permanece na posse dos prédios – o que, como se procurou frisar, indubitavelmente retira ao instituto da posse a sua *realidade*, veracidade e grande valia de outrora – não se crê que continue a ser *fundamentado* o genérico predomínio da presunção de *titularidade do direito* a que, segundo a habitual interpretação, se refere o artº 1268º/1 do C.C.[135].

Ou (mais ainda) hoje em dia, diferentemente do que acontecia em passado recente, estamos habitualmente – e quiçá *presuntivamente* – perante situações em que, embora podendo haver determinado "poder de facto", simultaneamente se verifica uma evidente falta de conhecimento "no círculo social", inexistindo – voltando a citar ORLANDO DE CARVALHO –, "a prática de poderes empíricos sobre a coisa que se processe publicamente". Assim sendo, não se vê que atualmente exista a mesma efetiva e verídica "publicidade espontânea" de outrora, como óbvia *exteriorização* ou revelação pública do Direito.

Face ao que sucintamente se tentou exprimir, salvo em muito raras exceções, é incompatível enquadrar a descrita situação no clássico conceito jurídico de uma posse que permita conduzir à usucapião. Nesta "posse" contemporânea, faltando-lhe o requisito essencial de ser ostensiva e *pública* – que, como se disse, realística e habitualmente falta –, é evidente que *não pode conduzir à usucapião*. Mas, para esta, habitualmente faltam também outros pressupostos essenciais que se crê dispensável desenvolver. Recorde-se apenas que a posse tem de ser duradoura (necessariamente mais de uma década) e que hoje em dia permanecer (ou aguardar) dois ou três anos já normalmente se considera uma eternidade...

[135] Ao que penso a posse a que se refere este artigo não é *uma posse qualquer*, mas sim a que conduz (ou tem a virtualidade de conduzir) à usucapião. Esta é que permite demonstrar a aquisição (*in casu* a aquisição originária) do direito e que, portanto, pode conflituar com a prova decorrente do registo.

3.3 – Além de pública e de ter os demais requisitos, para que a posse possa produzir efeitos, designadamente o da usucapião, *carece de ser invocada*[136]. E quanto a esse basilar efeito da usucapião, que aqui principalmente importa, para se tornar eficaz necessita ainda de ser *reconhecida* judicial ou extrajudicialmente.

Consequentemente, afigura-se-me clara a seguinte conclusão: para que a presunção derivada do registo de um prédio definitivamente inscrito a favor de A possa ser afastada por B, que se diz ser o possuidor e *verus dominus*, não lhe basta alegar que tem a posse desse prédio, ou até alegar que já a tinha quando A registou. Ser-lhe-á necessário provar que essa sua posse, tendo tido uma ininterrupta e determinada duração, bem como as demais características legalmente previstas, *conduziu à usucapião* e que esta foi *reconhecida* (como se dirá. por sentença transitada em julgado).

Decorre do artº 350º/1 do C.C. que a presunção legal permite evitar a prova do facto aquisitivo do direito que se invoca. E é sabido que a presunção registral só existe desde o momento em que o registo do prédio foi *definitivamente lavrado* (artº 7º do CRPred.) e não desde que foi *pretendido* e instruído com os documentos devidos (se não depender de apresentação). Do mesmo modo, dever-se-á entender que a presunção decorrente da posse que *consiga afastar* a derivada do registo só tem valia (e oponibilidade) a partir do *reconhecimento da usucapião*, que facultou ao possuidor a aquisição originária daquele prédio e não desde que o interessado proclamou ou, até mesmo instaurou a ação alegando que tinha a posse desse imóvel. E recorde-se ainda que, a retroatividade da decisão depende da ação ter sido registada.

A lei estabelece que o efeito fulcral da oponibilidade a terceiros que *não carece de registo* é tão-só o decorrente da *usucapião*, não o da simples

[136] A este respeito a doutrina e a jurisprudência são pacíficas. *Vide*, por todos, PINTO DUARTE que no parágrafo "Necessidade de invocação" diz: "A usucapião não opera automaticamente: tem de ser invocada. Resulta isso do art. 1287 (...), do art. 1288 (...) e da remissão que o art.1292 faz para os arts. 303 e 305 (...). (Vide: cit. *Curso*, p.341. Na jurisprudência, cf, por todos, o (também citado por PINTO DUARTE) Ac. do STJ de 3-2-1999 (ABRANTES GERALDES) publicado no BMJ nº 484º p. 384, onde na 2ª conclusão se diz: "Atento o disposto nos arts. 1292º e 303º do CC, a usucapião, como forma de aquisição do direito real de gozo, carece de ser invocada pelo interessado".

posse (artº 5º/2, a) do CRPred.). Ou seja: para prescindir do registo – ou afastá-lo – é a *usucapião* que releva, não *a posse* que, embora tendo possivelmente as características para poder alcançar a aquisição originária, todavia a ela ainda não conduziu *reconhecidamente.*

A propósito da existência das aludidas presunções, devo fazer este esclarecimento: não é a possível *coexistência* destas – a derivada da posse e a resultante do registo – que está em causa e que neste capítulo referiremos, mas sim *o conflito* entre elas: posse *versus* registo. Mas, a este respeito, para resolver a questão, afigura-se essencial interpretar o artº 1268º/1 do C.C., o que adiante se intentará.

4 – Acabamos de recordar que para ser procedente a usucapião necessita de ser *reconhecida* judicial ou extrajudicialmente, ainda que, pelas razões a seguir aduzidas, parece que a alternativa extrajudicial se tem de considerar, *in casu*, afastada.

Com efeito, que possibilidades existem hoje de se obter um, por assim dizer, «reconhecimento» *extrajudicial*?

Conhecemos apenas duas hipóteses: a) a da escritura pública de justificação prevista nos art.ºs 89º a 101º do Código do Notariado e; b) a do similar processo de justificação, cuja principal diferença é correr nas *conservatórias* e não nos cartórios ou nos tribunais[137] e que está contemplado nos art.ºs 116º a 118º do CRPred. No tocante à eficácia (e valia) da escritura para efeito de reconhecimento da usucapião, foi proferido o *polémico* Acórdão Uniformizador nº 1/2008 (Azevedo Ramos)[138], no qual se entendeu que essa escritura "apenas vale para efeito de descrição do prédio na conservatória do registo predial, se não vier a ser impugnada" e se chegou a basear uma inscrição de aquisição esta não pode "beneficiar da presunção do registo decorrente do artigo 7.º do Código do Registo Predial".

[137] Desde 2001, visto que anteriormente se processava judicialmente. Foi o Dec-Lei n.º 273/2001, de 13 de Outubro que, na expressão do preâmbulo, procedeu à "transferência de competências em processos de carácter eminentemente registral dos tribunais judiciais para os próprios conservadores de registo, inserindo-se numa estratégia de desjudicialização de matérias que não consubstanciam verdadeiro litígio". Deixando o processo de justificação de ser *judicial* passou a ter valia e características idênticas à do procedimento notarial.

[138] Publicado no Diário da Republica nº 63, série I, de 2008-03-31, pp. 1871 – 1879.

Referimo-nos à controvérsia que este Acórdão causou, designadamente por ter entendido que o registo feito com base nas referidas escrituras não pode "beneficiar da presunção do registo decorrente do artigo 7º". Entendemos, ao invés do que diz o Acórdão, que *qualquer* registo definitivo goza, à face da lei, e sem exceção alguma, daquela presunção. Por isso, *não parece que tivesse sido legal* considerar que um determinado tipo de registos não podia beneficiar desse efeito presuntivo. Afigura-se antes que se a inscrição tiver sido lavrada com base em título (a dita escritura de justificação) que se revelou inválido ou insuficiente para provar o facto que foi registado, *tal inscrição é nula ex vi* do artº 16º, b) do CRPred. Consequentemente, julgo que a solução é *atacar esse registo* e promover *a devida declaração de nulidade* – até porque, logo que intentada e registada a ação, *cessa legalmente a aludida presunção* – mas, penso que nunca seria determinar que um registo lavrado com base em escritura pública de justificação não goza da presunção decorrente do artigo 7º. Como referi, a lei não consente exceção alguma ao efeito presuntivo.

Quanto ao mencionado processo de justificação previsto nos art.ºs 116º e ss. do CRPred., não existe jurisprudência fixada, mas afigura-se que a sua eficácia probatória para efeito do pretendido reconhecimento da usucapião é notoriamente idêntico ao da aludida escritura pública, uma vez que lhe é semelhante e também não é decidido judicialmente.

Aponto que a justificação notarial fundada na invocação da usucapião *só passou a ser admitida* pelo "Conselho Técnico dos Registos e Notariado"[139], depois que Borges de Araújo, à época conceituado Notário e membro do Conselho Técnico, insistentemente sustentou (entre 1960 e 1962) essa possibilidade. Contudo, defendeu-a *apenas para titular a primeira inscrição*, ou seja, caso se tratasse de prédio omisso (ou, embora descrito, sem inscrição de transmissão em vigor).

Considerou que "com interesse para o problema da causa de aquisição surge também a questão de saber se é admissível invocar a prescrição aquisitiva [em escritura de justificação]". E concluía que as "noções de direito civil [que recordou] são necessárias à compreensão do raciocínio que fazemos no sentido de admitir a prescrição

[139] Tratou-se do Parecer de 12 de junho de 1962, citado por Borges de Araújo na obra *infra* referida.

aquisitiva como causa idónea da justificação para a primeira inscrição de direitos no registo predial, e de a excluir se se pretende deduzir o trato sucessivo". Explicou que neste último caso existe *um registo*, pelo que o seu titular *goza da presunção* de ser o titular do direito. Daí que esteja vedado ao notário lavrar uma escritura que, ao invocar a aquisição originária, desrespeite aquela presunção legal.

No entanto, este impedimento presentemente já não existe em termos absolutos, *ex vi* do disposto no artº 99º do C. N. que obriga a que, *antes de lavrada a escritura*, seja notificado o titular inscrito e o impedimento só se verifica no caso deste declarar que se opõe à celebração dessa escritura.

A respeito das indicadas justificações, esclareceu ainda BORGES DE ARAÚJO que "o notário, ao lavrar a escritura, *não emite qualquer juízo de valor sobre a eficácia da prescrição invocada, julgando-a válida*; limita-se a dar forma legal *a declarações* [dos interessados e de três declarantes] a que a lei atribui determinados efeitos"[140].

Por conseguinte, na douta opinião deste qualificado Notário, quando o titulador (o notário ou o conservador) intervém nas mencionadas justificações, "não emite qualquer juízo de valor sobre a eficácia da usucapião" [então denominada prescrição aquisitiva], nem tão-pouco "a julga válida" – e acrescentamos, nem o poderia fazer[141] – pelo que, como também se referiu e fundamentou no aludido Acórdão Uniformizador, resulta impraticável o *reconhecimento* extrajudicial da usucapião.

Recorde-se ainda que não é com a sua própria celebração, e terminada esta com todas as assinaturas, que a escritura de justificação fica *concluída como título*, isto é, que existe com as características de escritura *pública*. É que o Código do Notariado manda que seja "publicada num dos jornais mais lidos do concelho da situação do prédio (...) ou, se aí não houver jornal, num dos jornais mais lidos da região" (artº 100º/2), além de que só podem ser passadas certidões de escritura de justificação decorridos 30 dias sobre a data em que o extracto for publicado,

[140] Cf: ARAÚJO, ANTÓNIO MAGRO BORGES de: *Prática Notarial*. Braga: ed. do Autor, 1961, pp. 488 e ss., mas itálico nosso.

[141] Porque nos parece manifesto que a decisão – o julgamento – sobre o reconhecimento e validade da usucapião é matéria da exclusiva competência judicial.

se dentro desse prazo não for recebida comunicação da pendência da impugnação" (artº 101º/2).

Esta exigência destina-se a divulgar aquele acto notarial para que algum "interessado [possa] impugnar em juízo o facto justificado" o que dará lugar à "imediata comunicação ao notário da pendência da acção" (artº 101º/1). Portanto, só a partir do fim do indicado prazo, e se não houver impugnação, é que a escritura se torna *pública* e pode constituir título para registo. E essa é a sua única finalidade.

Assim verifica-se que esta específica escritura não é igual às demais: o seu efeito fica sempre *condicionado à publicação e à inexistência de impugnação*, sendo *diferido* pelo menos 30 dias após a sua celebração. Não sendo impugnada, serve para o interessado justificante obter *o registo* do prédio no caso de não ter título suficiente que o pudesse basear[142]. No entanto, como as demais *escrituras*, nunca *transita* (as escrituras são alteráveis e retificáveis), de modo a poder titular uma *definitiva certificação* da usucapião.

Acresce que, como bem disse BORGES DE ARAÚJO, o notário não reconhece a validade da usucapião nem emite qualquer juízo de sobre a própria pertinência da invocação da mesma, limitando-se a dar forma legal às afirmações dos interessados e de três declarantes que, com ele, subscrevem a escritura.

Por isso, mormente após a doutrina fixada no citado Acórdão Uniformizador, a usucapião que se deve considerar *declarada* e inquestionavelmente *confirmada* é *apenas a que tiver sido reconhecida por decisão judicial transitada em julgado*, o que notoriamente significa uma delonga de muitos meses, ou melhor, anos, até se conseguir obtê-la.

5 – Vejamos agora sinteticamente o que se passa com o Registo Predial.

No *novo sistema registral* verifica-se que a "situação jurídica do prédio", tal como se encontra inscrita, é a que realmente existe[143], visto que só

142 É nesta hipótese que as escrituras de justificação têm todo o seu préstimo. Nunca, porém, para contradizer ou substituir um título válido que exista.

143 Têm sempre de se ressalvar os *anómalos* casos de invalidade, o que não se nos afigura que desminta a afirmação, até porque outro tanto acontece com quaisquer atos administrativos ou judiciais. A própria sentença judicial transitada em julgado pode estar ferida de nulidade (cf. artº 615º do C.P.C.).

pôde ter sido registada porque o conservador, como jurista qualificado para o efeito, a admitiu – tendo feito, para tanto, um *juízo de valor*[144] – depois de ter verificado pormenorizadamente, nos termos do artº 68º – preceito que se insere no capítulo que trata da [árdua[145]] *qualificação do pedido de registo* – o conteúdo e a compatibilidade dos registos anteriores, a legitimidade dos interessados e a identidade do prédio, bem como a legalidade formal *e substantiva*[146] desse ingresso tabular, designadamente por *não oferecer dúvidas* a validade intrínseca das causas substantivas dessa situação jurídica e porque a mesma também se mostrava titulada por legais e lídimos documentos que faziam a sua prova plena.

[144] Diz Lacruz Berdejo, que a qualificação do pedido "não é função judicial, mas exerce-se com independência semelhante e consiste num juízo de valor (...) para incorporar ou não no Registo uma nova situação jurídica imobiliária". (Cf: LACRUZ BERDEJO, José Luis, com SANCHO REBULLIDA, Francisco de Asis – *Derecho Inmobiliario Registral.* Elementos de Derecho Civil III, bis. Barcelona: Bosch Editor, 1990, p. 305. É certo que o nosso legislador, por certo com um afã de simplificar tudo introduziu no artº 75º-A um nº 2 que refere: "Os oficiais dos registos têm competência para os seguintes atos de registo (...)". Julgo que essa competência, por um lado, se refere à *feitura* dos "atos de registo" (a disposição está, aliás, incorporada no capítulo que respeita aos "atos de registo") e não à "*qualificação* do pedido de registo" (que integra o capítulo anterior) e, pelo outro, *não afasta a competência genérica de supervisão* que, nos termos do nº 1, pertence (como não podia deixar de ser) ao conservador. Note-se ainda que é também ao conservador que cabe superintender em todo o serviço, pelo que os oficiais não podem desrespeitar as orientações do conservador.

[145] O juízo da qualificação é complexo e envolve uma série de questões de natureza substantiva e registral, como doutamente expôs Ricardo Dip em trabalho apresentado no "XVIII Encontro dos Oficiais de Registro de Imóveis do Brasil". (Cf: DIP, Ricardo Henry Marques: "Sobre a qualificação no registro de imóveis", consultável em https://arisp.files.wordpress.com/2008/06/007-dip-qualificacao-registral.pdf).

[146] Oliveira Ascensão também o reconhece. Diz: "Ao consagrar a legalidade, o legislador português afastou-se profundamente do sistema vigente nos direitos italiano e francês. O conservador não se limita a verificar se os documentos que lhe são apresentados para prova dos direitos cuja inscrição se pretende são formalmente bastantes (...) O conservador tem de ir mais ao fundo e entrar numa apreciação parajudicial da valia do acto que se pretende registar. Tem de examinar portanto também a legalidade material, para além da mera legalidade formal (...) tem de apreciar também: — a valia intrínseca do acto; — a legalidade da sua prática por aquele sujeito; — a compatibilidade daquele acto com a situação registal existente. Só se a legalidade material ficar assente em face de todos estes elementos é que o conservador pode inscrever. Caso contrário terá de recusar o registo, ou fazê-lo provisoriamente por dúvidas. Aliás, pelos prejuízos que pelos seus erros cause às partes o conservador responde nos termos gerais da responsabilidade civil. Portanto, o registo predial português não se limita a proclamar uma aparência, deixando às partes e aos tribunais a solução dos litígios que várias aparências contraditórias podem provocar. Pretende reflectir a verdadeira situação substantiva (...)" (Cf. *cit. Efeitos substantivos...* pp. 159/160).

A garantia que o Registo presentemente oferece quanto à verídica *situação jurídica dos prédios* é ainda corroborada pela aplicação dos referidos princípios da legitimação dispositiva (quem dispôs do imóvel só o pôde fazer por estar para tal legitimado) e da obrigatoriedade de registar que, nos próprios termos utilizados pelo legislador, potencia "a coincidência entre a realidade física, a substantiva e a registral e contribuindo, por esta via, para aumentar a segurança no comércio jurídico de bens imóveis".

5.1 – No que toca à cognoscibilidade da situação jurídica inscrita sobre cada prédio – a que anteriormente aludimos – cabe acentuar que ela é completamente facilitada a qualquer interessado, já que também utilizando a *internet,* como é hoje banal, existe o Registo Predial *online* e a respetiva *Base de Dados* abrange todo o território nacional, desde que foi abolida a competência territorial das conservatórias. Essa Base, insiste o legislador, tem "por finalidade organizar e manter atualizada a informação respeitante à situação jurídica dos prédios, com vista à segurança do comércio jurídico" (artº 106º).

Além disso, diz igualmente a lei, "os dados referentes à situação jurídica de qualquer prédio constantes das bases de dados podem ser comunicados a qualquer pessoa que o solicite, nos termos previstos neste Código" (artº 109º-A/1). E no caso de pretender uma certificação autenticada, também a pode obter de um modo rápido, nomeadamente através da "certidão permanente".

No que se refere ao pedido de registo e à apresentação, além da possibilidade de se fazer pessoalmente, pelo correio ou por telecópia, é também admissível efetuá-la por *via eletrónica,* através de sítio na internet, havendo ainda a viabilidade de serem enviados os documentos por essa mesma via[147]. Todas estas – e outras – inovações, principalmente

[147] Blandina Soares apresentou no XVIII Congresso Internacional de Direito Registral do CINDER um trabalho intitulado "A Apresentação Eletrónica no Registo Predial Português – evolução histórica", onde pormenoriza o procedimento referente à apresentação eletrónica no Registo Predial: consultável *in*: https://ascr.pt/system/jobs/documents/000/000/021/original/A_apresenta%C3%A7%C3%A3o_eletr%C3%B3nica_no_registo_predial_portugu%C3%AAs_-_Blandina_Soares.pdf?1523914462

no sentido da valorização, simplificação e desmaterialização do Registo Predial, foram introduzidas sobretudo pelo aludido Dec-Lei nº 116/2008, que antes da sua publicação teve uma *apreciação favorável* das entidades consultadas (citadas no preâmbulo), designadamente das Ordens profissionais, Conselho Superior do Ministério Público e Conselho Superior da Magistratura (C.S.M.) que num douto parecer de 2008 (Henrique Araújo) [148] reafirmou que "a obrigatoriedade directa do registo predial, consagrada no art. 8º-B do anteprojecto, constitui também uma importante medida para a indispensável segurança jurídica nos negócios relativos a bens imóveis".

5.2 – Através destas simples considerações, comprova-se que presentemente o *punctum saliens* da finalidade do registo é, nas expressões do *supra* citado parecer do C.S.M., propiciar "a indispensável segurança jurídica nos negócios relativos a bens imóveis". Consequentemente, no atual Novo Registo – como já se disse no capítulo 1º – o tradicional fim *publicitário*, deixou de ser o escopo mais relevante do Registo Predial, tendo passado a ser o da inscrição das situações jurídicas com vista à *segurança* nos negócios imobiliários, permanecendo, como é evidente, o objetivo indispensável da oponibilidade *erga omnes* dos direitos inscritos.

É, pois, inadequado continuar a falar-se de um "preponderante" fim *publicitário* do Registo Predial, visto que, como já se indicou, a lei mudou decisivamente.

6 – Citamos a conhecida frase de Oliveira Ascensão "a base de toda a nossa ordem imobiliária não está no registo, mas na usucapião" que, proferida embora noutro contexto legislativo, continua a ser tida, por alguns autores, como paradigmática no tocante às relações entre a posse e o registo.

[148] Este parecer conclui afirmando que "o projecto apresentado constitui, na sua globalidade, um esforço sério na simplificação do actual sistema de registo". No tocante aos documentos, considera, todavia, "que deveria manter-se a obrigatoriedade de escritura pública em todos os actos que respeitem a bens imóveis". Consultável em https://www.csm.org.pt/ficheiros/pareceres/2008/parecer08_05.pdf.

No entanto, para tentar prosseguir a exposição creio que é necessário determinar claramente o que se deve entender por "ordem imobiliária". Na verdade, o conceito de "ordem jurídica" ou "ordem jurídica imobiliária" afigura-se claro. Todavia, apenas *ordem imobiliária* [sem a qualificação de *jurídica*] apresenta-se-me equívoco, já que se pode entender como referindo-se aos direitos sobre os imóveis, à natureza desses direitos, à sua segurança, à cognoscibilidade e publicitação deles, ao "ordenamento dominial"[149], às nomas aplicáveis á aquisição de imóveis, bem como à organização do mercado imobiliário, ou à do ordenamento territorial (ou até matricial e tributário), enfim, revela-se um conceito assaz amplo e impreciso, permitindo diversas e dissemelhantes leituras.

Todavia, creio que se compreende melhor o pensamento do Professor analisando a frase completa: "A usucapião constitui o fundamento primário dos direitos reais na nossa ordem jurídica, não podendo esquecer-se que a base de toda a nossa ordem imobiliária não está no registo, mas na usucapião". Parece-se-me que o "fundamento" se refere à *causa* ou às *causas* aquisitivas dos Direitos Reais e, assim, a ordem imobiliária diria respeito à *titularidade* e *cognoscibilidade* desses direitos baseada em tais causas.

Deste modo, dever-se-á procurar saber se esta opinião subsiste lidimamente correta e se a usucapião continua a ter esse caráter estruturante e função basilar tanto na aquisição "dos direitos reais à luz da nossa ordem jurídica", como no seu *conhecimento* e na *segurança* do comércio jurídico imobiliário. E continua?

Ao que penso, a resposta é negativa. Não se demonstra que a usucapião constitua esse "fundamento primário dos direitos reais na nossa ordem jurídica", por várias razões, mas principalmente porque:

a) A usucapião é tão-só (pacificamente) um modo de *aquisição originária*[150] da propriedade baseado na posse – e não apenas da propriedade, mas também de outros Direitos Reais – que nos termos do artº 1316º

[149] É a expressão de Menezes Cordeiro (no citado estudo *A Posse*, p. 131).

[150] Consabidamente, é uma modalidade de *constituição originária* dos Direitos Reais e que, por isso, não deriva nem depende de um direito anterior, ao invés do que ocorre na aquisição derivada, que resulta da *transmissão* do direito do anterior titular.

do C.C. coexiste com a *ocupação* e a *acessão*[151]. Além disso, a usucapião carece de ser invocada (ainda que, se forem alegados todos os seus pressupostos, se chegue a admitir a invocação tácita) e *reconhecida*, como se viu, judicialmente. Também não opera oficiosamente, nem *ipso iure*, nem é automática, inclusive no sentido de possibilitar um, presentemente vulgar e *necessário*, tratamento imediato, disponibilizado informaticamente.

b) Não se evidencia que "o fundamento" dos Direitos Reais, principalmente no sentido de motivo ou razão aquisitiva destes, seja exclusivo apanágio da usucapião, mesmo porque há outras causas de aquisição (e também originária) assim como direitos *insuscetíveis* de usucapião que, todavia, não deixam de ser Direitos Reais. Além disso, a usucapião não entra conceptualmente na fundamentação e definição destes direitos[152].

c) A supracitada frase configura-se como conceptualmente indeterminada e a afirmação que faz – citando agora a douta opinião de Rui Pinto Duarte – "parece um claro exagero. Por um lado, porque se deve entender que a usucapião não opera contra outras normas (...) e, por outro, porque a quantidade de casos de usucapião tem vindo a descer e continuará a descer, em razão do desenvolvimento cultural e tecnológico, sendo, pois, anacrónico ver nela a base de qualquer ordem jurídica"[153].

d) Deste modo, afigura-se que aquelas expressões "base da ordem imobiliária" e "fundamento primário dos direitos reais", sobretudo nos

[151] Menezes Cordeiro, a propósito da *ocupação* pertinentemente observa que "*sob uma aparente uniformidade, o Código trata como ocupação realidades que não podem ser consideradas como tal* (...)", casos do achamento e da aquisição do tesouro [estas, no entanto, não importam à aquisição de imóveis]. Quanto à acessão, também nota que após a definição inicial do C.C., a leitura dos artigos subsequentes "revela *uma tal diversidade de efeitos e de regimes que não seria possível incluí-los na definição inicial*". Deste modo, no parágrafo respetivo, trata "Da acessão, da união e da especificação" (cf. cit. *Direitos Reais*, pp. 477 e ss.; 490 e ss.). Não é propósito deste nosso breve trabalho referir estes casos de aquisição originária, pelo que sobre eles nada diremos.

[152] Não é, evidentemente, intuito deste estudo teorizar esta definição (v.g, as conceções clássica e personalista...), mas apenas «aproximar» a ideia. Para tal citemos Rui Pinto Duarte que, sintetizando os atributos, diz: "Uma definição preliminar de direitos reais, assente em noções trabalhadas na Teoria Geral do Direito Civil pode recorrer às seguintes quatro características: natureza privada, caráter absoluto, patrimonialidade, objeto consistente em coisas corpóreas" (*Vide: op. cit.* pp. 11/12).

[153] Cf. indicado *Curso...*, p. 339.

nossos dias, são meras "palavras" (palavras, palavras...[154]) que *in casu* não logram *traduzir um conceito preciso e verificável.*

6.1 – Referimos que OLIVEIRA ASCENSÃO, embora tendo feito a apologia da usucapião, reconhece, como se citou, que "na Alemanha, pelo contrário, a *Ersitzung* [usucapião] é instituto de muito escassa relevância"[155]. E não só na Alemanha, também noutros países, como é o caso da tradicional Inglaterra, onde o sistema registral se modernizou e se tornou confiável. No entanto, continuam a existir – creio que entre nós mais – os apaixonados pela usucapião[156].

É certo que *no princípio* da existência do direito de propriedade sobre um imóvel, para que este direito se pudesse constituir em benefício de um seu inicial proprietário, teria de haver, por parte dele, *uma aquisição originária.* Mas, em muitos casos, é até mais plausível que tal aquisição tenha consistido na *ocupação* e não na usucapião. Consequentemente, "fundamento primário" no sentido de alicerce *originário* não significa *necessariamente* que se trate da usucapião.

Por outro lado, a *aquisição originária* de que falámos é unicamente a do direito de propriedade – e é só a este que se refere o artº 1316º do C.C. – e não a dos Direitos Reais. E é manifesto que alguns têm, ou podem ter, originais causas aquisitivas bem diversas da usucapião e muitos deles são bastante relevantes, além de que há outros que nem sequer são suscetíveis de usucapião (v.g. artº 1293º do C.C.).

No que diz respeito ao direito de propriedade, é necessariamente depois de existir uma aquisição originária que *sobrevêm as sucessivas aquisições derivadas* e estas passam a ser a regra. Aliás, só haverá uma nova

[154] Quiçá exemplarmente se possa citar a resposta que Hamlet deu à pergunta de Polonius: *What do you read, my lord?* Hamlet só diz: *Words, words, words...* (*Ham.* Act II, 2).

[155] Cf.: ASCENSÃO, JOSÉ DE OLIVEIRA, *Direito Civil-Reais*, citada 4ª ed. (de 1983, ainda anterior ao CRPred.) nº 179, p. 367 nota (1) e também na 5ª ed. refundida, nº 187, p. 382 nota (1). Apesar disso, o conceituado Professor, tratando do nosso Direito, deu àqueles nºs o título: "A relevância da usucapião".

[156] Talvez não fossem tão apaixonados se tivessem tido o conhecimento prático de algumas fraudes e não defendessem «à outrance» as situações de facto, considerando que se devem sobrepor a títulos e registos válidos e à sucessiva 'cadeia' de documentos com força probatória plena cuja legalidade ninguém precisou de atacar. Mas, à semelhança dos *teóricos* da grande valia da usucapião, nos nossos dias ainda existem adoradores de Rá, o velho deus sol, que, em Stonehenge, no célebre dia do solstício de verão, se prostram a adorá-lo.

aquisição originária por usucapião se o proprietário abandonar o seu direito, permitindo que um terceiro inicie o apossamento do prédio.

6.2 – Face ao exposto, poder-se-á concluir que o paradigma existente na nossa ordem jurídica quanto ao *principal* – mormente no sentido de habitual – fundamento aquisitivo do direito de propriedade é o que advém de *negócios jurídicos*, bem como de causas *sucessórias* e das correspondentes e sucessivas aquisições derivadas e não da usucapião – ainda que, para demonstrar o direito e evitar a "prova diabólica" – se deva invocar a aquisição originária *ou o registo* que, fazendo presumir que o direito existe, inverte o *ónus da prova* de quem o queira negar (dado o disposto no artº 7º do CRPred.).

A indesmentível e *normal* regra é a de que, a partir da (usualmente ficcionada) aquisição originária, as posteriores causas aquisitivas sejam quase sempre derivadas: há milhares destas por uma só originária que se pretenda provar. Com respeito aos outros direitos reais, idêntica e facilmente se demonstra que a sua constituição advém principalmente de *negócios jurídicos* e só por casualidade é, ou *pode* ser, como no caso das servidões aparentes, invocada a usucapião.

Idêntica raridade se nota no tocante à publicitação (ao menos na prática) dos Direitos Reais, em que só esporádica e surpreendentemente se encontrará algum interessado – mesmo entre os devotos da usucapião – que busque conhecer a situação jurídica do prédio que quer adquirir investigando e confirmando se, *in casu*, existe um cenário de usucapião.

6.3 – Foi há cerca de 40 anos que ALVIN TOFFLER escreveu *The Third Wave*, conceituada obra premonitória (que entre nós só mais tarde foi divulgada[157]) na qual descreveu as fases do progresso da sociedade desde o tempo histórico e principalmente do ponto de vista sociológico. Con-

[157] E traduzida em português, primeiro no Brasil e depois em Portugal com o título "A Terceira Vaga". (Cf: TOFFLER, Alvin, *A Terceira Vaga*. Edição: Livros do Brasil, abril de 1999). Anteriormente, em 1970, já tinha publicado *Choque do Futuro* (Future Shock). *A Terceira Vaga* foi um livro "histórico" em que o Autor começa por explicar as atuais mudanças "econômicas, sociais, culturais, políticas, religiosas, institucionais e até mesmo filosóficas ou, mais precisamente, epistemológicas. Uma nova civilização está nascendo, que envolve uma nova maneira de viver" [e conhecida ficou a frase "a new way of life"...].

siderou que, nesta perspetiva, a evolução da humanidade teve três etapas: a inicial correspondente à sociedade agrícola, depois a segunda, a da sociedade industrial[158] e, por último, a terceira – a da altura em que publicou o livro – que denominou a nova *idade da informação*[159]. Refere que, nesta, "uma nova civilização está surgindo em nossas vidas".

Pelo último quartel do século XX (e até precedentemente) várias outras obras surgiram de respeitados autores comentando a eclosão desta nova era[160]. Identicamente a TOFFLER, vieram confirmar o que se tornou uma evidência: o efetivo e veloz desenvolvimento da "revolução informática" e seu impacto cognitivo, científico (v.g. na "tecnociência"), público, comunicacional, que transformou radicalmente

[158] Que terminou na pós-industrial e pós-atómica. Surgirá depois a *quarta vaga*. Numa entrevista disse: "Hoje vivemos a última parte da terceira vaga – um rápido e revolucionário desenvolvimento da biologia e a sua convergência com a tecnologia da informação. Até agora a revolução biológica dependeu da tecnologia, sem a qual a investigação não seria possível. Mas daqui para a frente os avanços da biologia serão determinantes para desbravar fronteiras tecnológicas. A modificação de algumas estruturas biológicas em seres poderá permitir a preparação para o espaço. Só então embarcaremos realmente na quarta vaga – vamos considerar o espaço mais seriamente e começaremos a colonizá-lo".(Consultável em: http://boostalpha.blogspot.com/2008/05/quarta-vaga-entrevista-alvin-tofler.html). ANTÓNIO DAMÁSIO parece que corrobora a previsão de novas estruturas biológicas (em *Sentir & Saber*– Lisboa: Temas e Debates, 2020, pp. 251 e ss.) quando prognostica robôs sensoriais que até poderão ter um certo grau de consciência.

[159] Leia-se: a idade em que se *vulgarizou* a informação eletrónica e não a idade em que *nasceram os primórdios da computação*, que é bastante anterior. Foi antecedida em 1941 por ALAN TURING que concebeu a célebre máquina para descodificar o "Enigma" e em 1951 criou o Manchester 1, considerado o antecedente dos computadores modernos. Parece, no entanto, que o *ENIAC*, criado em fevereiro de 1946 pelos cientistas JOHN ECKERT e JOHN MAUCHLY, terá sido o primeiro computador eletrónico, embora com as suas 30 toneladas, de facto, pouco tivesse a ver com os atuais. Quanto a estes, foi só em 12 de Agosto de 1981 que surgiu o primeiro PC (o modelo 5150 da IBM).

[160] De entre as inúmeras obras sobre o tema e a decorrente eclosão no século XXI de "novos valores", julgamos que deve ser mencionada a coletânea com depoimentos de bastantes personalidades, intitulada *Ou vont les valeurs?*, publicada pela UNESCO em 2004 e traduzida em português em 2006 com o título *Para onde vão os valores* ? (edição do "Instituto Piaget", integrada na coleção "Debates do Século XXI"). Na 2ª parte ("A mundialização, as novas tecnologias e a cultura) DERRIDA no seu artigo a respeito da mundialização, a dado momento, diz-nos que "um certo número de fenómenos, efectivamente inéditos e irrecusáveis, justificam este conceito. Essencialmente condicionados pela técnico-ciência (...) estes efeitos da mundialização [respeitam] aos ritmos e à extensão dos transportes e telecomunicações na era eletrónica (informatização, *e-mail*, Internet), a circulação das pessoas, das mercadorias, dos modos de produção e dos modelos sociopolíticos (...)" (Cf. DERRIDA, JACQUES: "A mundialização, a paz e a cosmopolítica" *in Para onde vão os valores*? Lisboa: Instituto Piaget", 2006, p. 154).

o *modus vivendi* individual e coletivo existente até ao terceiro período do século XX (e até antes, embrionariamente), encetando uma "nova era da história da civilização". A hodierna "Sociedade da Informação", a que já nos referimos, com a correlativa difusão do conhecimento, e um conjunto de complexos fatores comportamentais, *mudaram as circunstâncias* socio-culturais até então existentes e o próprio *paradigma civilizacional.*

Além das comunicações entre os indivíduos e os povos, os instrumentos que passaram a servir de repositório, classificação, arquivo, pesquisa, documentação e até de prova do cumprimento das obrigações públicas e particulares, são, em geral, necessariamente feitos *apenas* em suporte eletrónico e arquivados em "bancos de dados", ou "bases de dados"[161], que podem ser total ou parcialmente conservados em pequenos espaços ou em minúsculos dispositivos de memória. A existência dos "bancos de dados" e das "plataformas computacionais", bem como a sua gestão, guarda e conservação por processos eletrónicos, como se referiu, passou a ser *indispensável* em praticamente todos os países desenvolvidos e ademais estabeleceram-se *sanções* a nível internacional e comunitário para os atrasos na adaptação de diversos institutos à "economia digital", o que é explicado pelo nascimento e rápido desenvolvimento da transmissão eletrónica, que se generalizou e se tornou automática, imediatamente disponibilizada para todos e depois tornada *obrigatória* nos diversos serviços públicos e privados que até deixaram de poder utilizar o papel[162].

Cabe ainda dizer que a *instantaneidade da difusão da informação* motivou que um evento que ocorra em algum lugar fique a ser imediatamente conhecido em qualquer parte. A rapidez dos eventos e de todas

[161] Que cedo mereceram a atenção dos juristas e do poder. No 1º volume da coletânea *Direito da Sociedade de Informação*, Alberto de Sá e Melo publicou um significativo artigo com o título "Tutela Jurídica das Bases de Dados" (A transposição da Diretiva 96/9/CE), às quais nos iremos referir. (Cf: MELO, Alberto de Sá e, *in Direito da Sociedade de Informação*, Coimbra: Coimbra Editora, 1999, pp.111-161).

[162] Já em 2001, no 2.º Congresso Brasileiro de Direito Notarial e Registral, o Notário Paulo Roberto Ferreira, apresentou uma comunicação com este sugestivo título: *O papel está morto.* (Cf. FERREIRA, Paulo Roberto *in Revista de Direito Imobiliário.*Nº50, Ano 24, Rio de Janeiro, 2001, pp 21 e ss.).

as situações levou a que já se chegasse a entender que "o mundo de há dez anos nada terá a ver com o mundo daqui a dez anos".

As comunicações oficiais, notificações e anúncios são – como se notou, em muitos casos obrigatoriamente – feitos por e-mail e a própria afixação de editais foi substituída por "página" em *sítio* da internet. As "bases de dados", que motivaram diversa regulamentação comunitária[163], substituíram quase totalmente os velhos arquivos de documentos e a difusão de informações é feita em reconhecíveis "plataformas".

Generalizaram-se e banalizaram-se as "relações virtuais", as "redes sociais", os sofisticados aparelhos com que as crianças sabem lidar antes de saber ler. E tudo passou a ser 'global', tendo rapidamente emergido a *globalização*[164] que hoje se manifesta em todos os domínios: da informação, da documentação, do mercado ...[165], o que requereu uma "abordagem transversal" (jurídica, económica, sociológica...) das questões e bem assim a *internacionalização* de numerosas atividades, tendo transformando a sociedade contemporânea na famosa "Aldeia

[163] Em 2016 foi publicado Regulamento Geral sobre a Proteção de Dados (RGPD) da União Europeia (UE) do Parlamento Europeu e do Conselho, nº 2016/679 ,de 27 de abril de 2016 "relativo à proteção das pessoas singulares no que diz respeito ao tratamento de dados pessoais e à livre circulação desses dados", depois reformado em 2018 (entrando em vigor em 25 de maio de 2018). Além deste Regulamento e de outras medidas legislativas, também constitui preocupação (a nível comunitário, mas também nacional e internacional) a defesa contra o de roubo de dados e a evolução na "cibersegurança".

[164] Desde os primórdios do século têm sido muitos os estudos e os colóquios sobre a "Sociedade da Informação", a "Globalização e o Direito". A título exemplificativo cite-se o estudo de Oliveira Ascensão *Sociedade da Informação e Mundo Globalizado* apresentado num já distante Colóquio no qual o Autor conclui que "a globalização, conjugada com a sociedade da informação, é já uma realidade, e está em progressão constante" (*In*: http://www.apdi.pt/pdf/GLOBSOCI.pdf. os trabalhos que constam de *Studia Iuridica* nº 73 – Globalização e Direito, Coimbra Editora, 2003).

[165] Em 2003 Manfred Steger escreveu: "A globalização refere-se a um conjunto multidimensional de processos sociais..." e "o estudo da globalização situa-se fora dos domínios académicos estabelecidos actualmente", devendo notar-se que "o estudo da globalização exige uma abordagem interdisciplinar suficientemente ampla para abranger a «panorâmica completa»". Em sucessivos capítulos aborda, entre outros temas: "a dimensão económica da globalização", "a dimensão política da globalização", "a dimensão cultural da globalização", "a dimensão ideológica da globalização" e os "desafios ao globalismo". (Cf. STEGER , Manfred B., *A Globalização*, V.N. Famalicão: Edições *Quasi*, 2006, tradução de *Globalization*, Oxford: University Press, 2003. As passagens citadas são, respetivamente, de p. 22 e de p. 6).

Global", na qual muitas realizações que hoje têm interesse no dia seguinte ou escassos dias depois deixaram ter qualquer importância.

Os paradigmas, as práticas e o "estilo de vida" acompanharam os avanços tecnológicos e a *rapidez* (o real e pretendido *imediatismo*) passou a ser não apenas a da informação, mas praticamente de tudo, desde as rotinas quotidianas até *à celebração e formalização de negócios jurídicos e da generalidade dos actos.*

Esta revolução sociológica, principalmente decorrente das novas tecnologias foi verdadeiramente *inovatória*, trasformadora das comunicações e informações, mas também integralmente dos comportamentos dos indivíduos e das mentalidades, a quem só importa o imediato, as novidades tecnológicas, mas que pouco ligam ao duradouro, à convivência e ao que é tradicional, passando horas (dias) com *tablets*, telemóveis, computadores, iPads, smartphones....toda a sorte de "aparelhagens" eletrónicas (que passados um ou dois anos são consideradas, sobretudo pelos jovens, obsoletas) e bem assim *vivendo* nas "redes sociais", alheios ao que se passa ao seu lado, ao *cibercrime* e aos demais perigos atuais[166].

Refiro tudo isto e quis apontar a realidade desta "nova era", para formular a seguinte interrogação: será que para os Direitos Reais, para a sua prova e para a sua possível transmissibilidade, continuam a ser *situações de facto* (incompatívesis com qualquer «escrita» informática), bem como a morosa – morosa de anos – e complexa indagação da existência da posse ininterrupta e duradora de décadas, conducente à aquisição originária por usucapião, o que real e basicamente importa? Creio que a resposta só pode ser a negativa.

[166] Referimo-nos à "inteligência artificial", à " segunda revolução quântica" e a outras arriscadas inovações. O célebre cientista Stephen Hawking afirmou numa entrevista à BBC: "o desenvolvimento da inteligência artificial total poderá significar o fim da raça humana" (*in* https://www.bbc.com/portuguese/noticias/2014/12/141202_hawking_inteligencia_pai) e, mais recentemente, o presidente da *Microsof*, Brad Smith, disse que "a internet tornou-se um tsunami que nos engoliu a todos" e alertou para os riscos das novas tecnologias em diversas intervenções e também em livro (Cf: SMITH, Brad e BROWNE, Carol Ann: *Tools and Weapons –The promise and the peril of the Digital Age.*Nova Jersey: East Rutherford, edição: Penguin Publishing Group, 2019).

6.4 –É intuitivo que a chegada da "terceira vaga", que em pouco tempo atingiu a época contemporânea, também de imediato despertou o interesse dos juristas. Uma das *modernas* intervenções que conheci foi a conferência feita ainda na década de 80 (em 1988) por Menezes Cordeiro na Ordem dos Advogados intitulada *Ciência do Direito e informática*. E muitas outras conferências se realizaram, bem como seminários, artigos e livros, analisando e divulgando a matéria.

Alguns desses estudos foram publicados em coletâneas editadas por várias instituições, nomeadamente pelas Faculdades de Direito. Foi o caso da coletânea *Direito da Sociedade de Informação* (textos do Curso ministrado na Faculdade de Direito de Lisboa) cujo 1º volume é de 1999 (*in* Coimbra Editora, 1999), mas que hoje já conta com muitos outros. Também do ciclo de conferências sobre "Perspectivas do Direito no Início do Século XXI", realizado na Faculdade de Direito da Universidade de Coimbra em 1999[167] e dos colóquios sobre a "Sociedade da Informação" e a "Globalização e o Direito"[168], seguindo-se vários outros que é desnecessário (até seria difícil) enumerar.

Aliás, não pretendemos assinalar todos os principais trabalhos que emergiram no século passado e logo após o avento da *Sociedade de Informação*. Presentemente, em todo o mundo, são de tal modo abundantes os estudos, ensaios, teses e dissertações sobre a matéria que se torna mesmo impraticável relacioná-los.

Todavia, neste número fazemos-lhes uma breve alusão, sobretudo para significar que a dedicação e a atividade das Universidades e dos juristas esteve, desde o início da "terceira vaga", interessada na ocorrência da *Sociedade da Informação*, da *globalização* e das *novas tecnologias*, bem como *nas consequências* que estas realidades trouxeram para a época contemporânea, incluindo no tocante às múltiplas possibilidades (por ex., o *e-learning*) e às próprias obrigações na docência, *maxime* do ensino superior.

A realidade confirma que em praticamente todos os domínios da vida ocorreu uma decisiva *alteração de circunstâncias*.

[167] Os textos figuram do "Boletim da Faculdade de Direito" e de *Studia Iuridica* nº 41.

[168] A "Globalização e Direito" consta do mesmo Boletim e de *Studia Iuridica* nº 73, bem como da "Revista Brasileira de Direito Comparado" nº 22. Rio de Janeiro, 2002.

O *conhecimento* de múltiplas situações, bem como a *publicitação dos direitos* são, por regra, *obrigatoriamente* difundidos e cognoscíveis apenas informaticamente e *não se compaginam com meras situações de facto* ininquadráveis na possibilidade da sua transmissão pelos usuais (ou por quaisquer) meios eletrónicos.

Identicamente, como se referiu, para consultar a situação jurídica de qualquer prédio não se conhece (e penso que não há) pessoa alguma que a busque através de uma indagação da posse duradoura e ininterrupta. Todos a procuram através do Registo Predial – aliás, se pretenderem alienar ou onerar *têm* de o fazer – e habitualmente no correspondente *sítio* da internet.

Por conseguinte, ainda que a indicada frase, apesar da sua total e abrangente irredutibilidade, apenas se pretendesse referir ao confronto entre a usucapião e o Registo Predial, mesmo assim não nos parece que, no tempo atual – *comprovadamente outro* –permaneça defensável. Verifica-se (e a experiência própria ratifica-o), que hoje em dia, e para todos, *a base do conhecimento da situação jurídica dos imoveis* – incluindo no sentido do "fundamento" ou causa dessa situação – e a busca da própria segurança do comércio jurídico imobiliário *está no Registo Predial e não na usucapião.*

6.5 – Apesar do disposto no retrógrado artº 1268º do C.C., não creio que, mesmo assim, se justifique que essa antiga cognominada *máxima* – a usucapião "constitui o fundamento primário dos direitos reais (...)" – continue a ter nos dias de hoje uma sustentabilidade idêntica àquela de que no passado usufruiu, pelas expostas razões e pelas que vamos alinhar.

De facto, com George Steiner, também julgo que "nenhum enunciado humano [como uma lei], nenhuma proposição verbal é «intemporal», nem está desprovida de uma relação com as particularidades concretas do seu enquadramento histórico-social, do *milieu* e da bússola ideológica do autor e do público"[169].

[169] Esta "frase lapidar" é de George Steiner (*vide*: STEINER, George: *As Artes do Sentido*. Lisboa: Relógio D'Água, 2017, p.33).

Porque o Direito está "ao serviço da vida", a maioria das sucintamente apontadas caraterísticas da presente *sociedade de informação* – notória e essencialmente diferentes das que vigoravam ao tempo em que foi publicado o Código Civil –, *implicam necessariamente* o repensar de muitas das soluções prescritas neste fundamental diploma. E, enquanto não for revisto (como penso que já deveria ter sido) temos *o dever* de interpretar as suas disposições de modo congruente com as atuais circunstâncias e não só – ou essencialmente não só – com base na exegese e "nos elementos internos da lei".

Uma dessas normas é a do artº 1268º, que motivou a referida afirmação sobre o primado da usucapião. Nunca me pareceu comprovada (e muito menos indiscutível) esta perentória afirmação. Começa por isto: como se pode dizer que a usucapião é "o fundamento primário dos direitos reais" e a "a base de toda a nossa ordem imobiliária" se *há vários Direitos Reais* – e que não são apenas os incidentes sobre determinados bens[170], tais como os expressamente indicados no artº 1293.º, que, apesar de serem registáveis, são insuscetíveis de usucapião? Não fazem parte da "ordem imobiliária" porque serão Direitos Reais de 2ª classe? E a usucapião só "funciona" para *alguns* e, mesmo assim, *é a base* de *toda* a nossa ordem imobiliária?

Além deste singelo comentário, mas que se mostra incontornável, há outro óbice que igualmente se afigura determinante: depois do atual *Novo Registo* e de chegada a *Terceira Vaga* será que deve continuar a entender-se que a usucapião ainda é "a base de toda a nossa ordem imobiliária"?

A meu ver não. Pelas expostas razões. Mas, muito sucintamente, caberá ainda salientar o seguinte:

[170] No início do século tive oportunidade, como representante português no "Comité de Peritos Governamentais" junto da UNIDROIT /ICAO, que abordou o tema das garantias jurídicas sobre bens móveis de elevado valor e de grande importância económica (a maioria dos quais tem, entre nós, regime equiparado ao dos imóveis), mas claramente insuscetíveis de usucapião – como no caso de aviões, veículos lançadores de satélites e material ferroviário valioso –, de verificar que ficou assente serem tais garantias obtidas principal, ou mesmo unicamente *pelo registo* desses bens.

a) Quanto ao Registo:

– É certo que antes do atual CRPred. e da ulterior reforma de 2008 o Registo Predial não gozava de geral credibilidade, nem tão-pouco a merecia (por um somatório de circunstâncias hoje ultrapassadas) e isso mesmo era entendido pelo comum da jurisprudência e da doutrina. VAZ SERRA escreveu: "dadas as reduzidas garantias oferecidas pelo Registo, podem as circunstâncias do caso concreto mostrar que é mais de presumir a propriedade do possuidor do que a daquele que no registo figura como adquirente do direito"[171]. Note-se que este conceituado Autor colocava a questão de um modo bem mais comedido e esclarecedor (*podem* as circunstâncias do *caso concreto* mostrar que é *mais de presumir*) do que o foram na categórica frase de OLIVEIRA ASCENSÃO.

E, quando a sobredita *máxima*, há mais de 45 anos, foi escrita, também ainda não tinha sido publicado o Código vigente, que alterou substancialmente os dados da questão. Referimo-nos já aos fins, à total informatização e a outros fulcrais aspetos dessas alterações que não iremos repetir.

Oportuno é citar MENEZES CORDEIRO que no convincente artigo *Evolução Juscientífica e Direitos Reais*, publicado na ROA de abril de 1985, portanto escassos meses depois de promulgado o CRPred. escreveu o seguinte: "Conclui-se, pois, que as alterações, legislativas e científicas, que ocorreram no domínio da aplicação do Direito, com inclusão das áreas dos registos e do notariado, são, elas próprias, factores evolutivos dos Direitos Reais". E seguidamente afirma:

"O relevo substantivo do Registo Predial tem uma acuidade particular pela entrada em vigor, no passado dia 1 de Outubro, um novo Código do Registo Predial. Esse diploma veio, em geral, dinamizar a actividade interna dos serviços do registo, conseguindo, só com isso, uma efectividade maior dos efeitos substantivos variados, que o registo predial já comportava. Tal aspecto foi ainda ampliado pelo dispositivo, acima aludido, do artigo 9º/1 o qual, de modo indirecto veio generalizar a obrigatoriedade do registo a todo o País. Para prossecução desse

[171] Cf. SERRA, ADRIANO P.S. VAZ , *in* "Revista de Legislação e Jurisprudência, ano 106º, p. 287.

objectivo, o artigo 9º/1 em causa recorreu ao esquema (...) de condicionar a própria alienabilidade dos direitos à existência prévia de registo a favor do alienante. Com isso não se instituiu, apenas, a referida restrição à autonomia privada[172]: conseguiu-se um processo que equivale a submeter os negócios com eficácia real relativos a prédios à sindicância prévia dos serviços públicos do registo, com o relevo material que tal situação envolve.[173]"

No último capítulo referir-nos-emos ao aspeto medular do atual Registo Predial português como um *registo de direitos*. Nesta alínea, e numa sumaríssima síntese, insistimos que o "Novo Registo" *nada tem a ver* com o que existia no domínio dos códigos anteriores e ao qual se referiram Vaz Serra, Oliveira Ascensão e outros reputados autores.

b) Quanto à usucapião:

Ao aludir a este tema cabe aclarar que apenas está em causa a usucapião que respeita a imóveis (ou, eventualmente, a móveis àqueles equiparados) e em relação aos quais, na estipulação do mencionado artº 1268º, a posse tenha sido iniciada anteriormente ao registo. E a posse que está – ou pode estar – em causa é evidentemente, apenas a que irá ter as necessárias características para conduzir à usucapião. Aliás só esta, enquanto causa aquisitiva (originária) do direito, é que pode conflituar com os efeitos do registo e não a simples posse que ainda não alcançou ou não poderá alcançar o efeito aquisitivo (a usucapião).

Recorde-se que, se houver título *e registo* e, além disso, a posse for de boa fé (tendo os demais requisitos de ser em nome próprio pública,

[172] Esta "restrição à autonomia privada" significou, ao que penso, que o legislador entendeu que o interesse público da *segurança do comercio jurídico imobiliário* devia prevalecer sobre a autonomia da vontade individual e encetou esse caminho em 1984, que veio a concluir em 2008 com a introdução do Registo Predial obrigatório. Como diz o Preâmbulo do aludido Dec-Lei nº 116/2008: "adopta-se um sistema de registo predial obrigatório, potenciando a coincidência entre a realidade física, a substantiva e a registral e contribuindo, por esta via, para aumentar a segurança no comércio jurídico de bens imóveis".

[173] Vide: op. cit. pp. 109/110. No parágrafo seguinte o Autor considerava que "a autonomização da categoria da inexistência do registo (...[artº 14º] veio reduzir o âmbito da fé pública registal". Parece evidente que tinha razão. Mas presentemente *já não existe* esse «senão», por ter sido revogada a alínea a). No tocante à alínea b) – referente à insuprível falta de assinatura do registo – trata-se de uma inexistência óbvia, que ocorrerá em qualquer título: uma sentença, uma escritura... se não estiver assinada e tal omissão não puder ser suprida, será sempre, como título, inexistente.

pacífica e ininterrupta), o mínimo prazo por que tem de durar é de dez anos[174]. Excluindo esta situação, os prazos são, consabidamente, de quinze (havendo boa fé) e de vinte anos (no caso de má fé). Resulta, assim, que:

i) Na rara hipótese da duração de dez anos não chega a haver conflito com a publicitação registral, uma vez que já *existia o anterior* registo com base na usucapião e quem posteriormente registasse a aquisição tinha de conhecer a existência daquela inscrição anteriormente lavrada com a inerente prioridade e o seu efeito presuntivo.

ii) Nos outros casos, teoricamente poderia haver conflito. Só que o princípio da legitimação dispositiva (introduzido pelo atual Código de 1984), que também motivou a obrigatoriedade indireta do registo, vigora já *há mais de trinta e seis anos*. Por isso, as transmissões de qualquer imóvel supuseram que o transmitente comprovou que tinha o registo definitivo a seu favor (e, pelo menos, nos casos do artº 55º, b), do C.N., dispunha de título bastante ou fez a prevista "justificação simultânea"[175]), pelo que, na prática, só em alguma ignota ou anómala situação poderia alguém (o Sr. X) demonstrar que afinal o registo a favor de Y e o título que o baseou nem foi seguido da tradição na posse (há 36 anos!) desse titular inscrito (Y), nem é anterior, já que ainda antes (!) esse X tinha a posse do prédio.

iii) Sobre outra perspetiva, desde a reforma de 2008 vigora o princípio da obrigatoriedade de registar. Daí que já 12 anos volvidos, os adquirentes dos imóveis não apenas os adquiriram de quem possuía o registo definitivo a seu favor, como tiveram de os registar. Por isso, se uma pessoa (P) ainda pudesse invocar uma posse anterior aos registos dos transmitentes – o que dificilmente se concebe – os proprietários que então adquiriram, em princípio, poderiam não só invocar a aquisição derivada (mesmo que o alienante fosse um detentor[176]), como também

[174] Não falamos da mera posse porque nesse caso *há registo*, que na prática é hipótese teórica.

[175] Este e outros irrelevantes casos de apelidadas "exceções" ao princípio da legitimação dispositiva não chegam a ser exceções (como em anteriores estudos tentamos demonstrar), uma vez que o transmitente *terá de provar* (inclusive no tribunal, em certas hipóteses de âmbito judicial) que está legitimado para dispor.

[176] É o que se afigura resultar do disposto no artº 1264º/2 do C. C: o adquirente que celebrou "o negócio translativo do direito" adquire a posse mesmo *sem tradição*. (Cf.: Pires de Lima e

a própria *usucapião*, uma vez que, por si e antecessores, há mais de dez anos, dispunham de título e de registo. Ou seja: a sua própria aquisição originária prevaleceria, pois seria a "última" – posterior à daquela de que, por ter os devidos requisitos, teria decorrido da "tal" posse de P e do indicado artº 1268º/1.

iiii) A manifesta *excecionalidade* de algum eventual caso enquadrável naquele artº 1268º/1 – como seria o de inusitadamente "aparecer" algum *dito* possuidor anterior ao registo que *só agora*, com base nessa posse, ainda conseguisse provar a usucapião (?) – não pode ser erigida em regra e, muito menos, *em princípio*. Daí que não nos pareça que a *necessária* credibilidade e aplicabilidade própria do Registo Predial fique em causa (ou possa ser excluída) em virtude de nalguma inusitada, insólita e excecionalíssima situação se poder colocar a questão da aplicabilidade daquele artº 1268º/1.

v) Quem "deixou" que se lavrassem os títulos e se efetuassem os correspondentes registos e nunca os impugnou, mas vem agora, mais de 12 anos depois de vigorar o *princípio da obrigatoriedade de registar*, sustentar que é o verdadeiro proprietário porque tem uma posse anterior, afinal *não cumpriu a lei* que o obrigava a registar[177] e também, se considera que foi defraudado na sua propriedade, não arguiu a invalidade desses títulos e registos[178]. Quem incumpriu a lei pode agora invocar outra disposição legal que eventualmente pudesse fazer prevalecer o seu alegado direito? Julgo que não pode.

vi) A ostensividade da posse – reiteramos a concludente frase de MENEZES CORDEIRO, "a posse *vê-se*" – exige a sua cognoscibilidade, designadamente, por parte dos interessados (artº 1262º do C.C.), sem

ANTUNES VARELA, *Código Civil, Anotado*. Coimbra: Coimbra Editora, Vol. III, 2ª ed. Rev, 1984, p. 29).

[177] A obrigatoriedade de registar visa a *permanente atualização* das titularidades constantes dos registos e, consequentemente, a *segurança do comércio jurídico imobiliário* (que, como se disse, consta do preâmbulo do Dec-Lei nº 116/2008), pelo que a aquisição fundada na usucapião, embora produza efeitos sem o registo (al. a) do artº 5º/2), no entanto não me parece que isente o titular do direito (sujeito ativo do direito de propriedade, que é o facto sujeito a registo) de *inscrever esse seu direito*, como também resulta do contexto dos artºs 8º-A e 8º-B. Sublinhe-se que (ao contrário do que estatui o artº 5º/2), a usucapião *não consta do elenco das exceções* do artº 8º-A, nº 1, *in fine*.

[178] É claro que a usucapião existe "a se", independentemente do registo. Todavia, isso não quer dizer que o possuidor, quando verifica que um acto ou facto vem contradizer a sua posse, fique totalmente dispensado de reagir, inclusivamente acionando a defesa dessa sua posse.

o que lhe falta um dos requisitos essenciais para poder conduzir à usucapião. Ora, também depois do Código de 84, *interessado sempre é* (e era) qualquer adquirente do prédio que após a entrada em vigor desse diploma, obteve um título translativo, para a elaboração do qual o alienante teve de comprovar através do registo que estava legitimado para transmitir e, com base nesse título, *registou a aquisição.*

vii) Em face desta situação é admissível – ou é sensato e racional – admitir que alguém possa invocar *uma posse anterior* (que não se "via"?) e com base nela "vencer" esse registo de aquisição com mais de 36 anos e necessariamente lavrado com base em título devidamente qualificado (e que também instituiu o adquirente como possuidor), suprimindo-lhe os efeitos?

Perante este kafkiano ilogismo não pode contra-argumentar-se alegando que há muitos registos mais modernos (e é certo que os há), visto que o critério interpretativo do artº 1268º/1 do C.C. não pode ser *um* para os registos de datas mais antigas (como os de 1984[179]) e *outro* para os que têm datas mais recentes.

viii) Além do apontado ilogismo, deve outrossim reafirmar-se que a conjuntura inter-relacional e existencial da sociedade liberal pré-contemporânea, que pôde explicar a *ratio* daquele artº 1268º/1 do C.C. de 1966 é, como se procurou expor, radicalmente diferente da do último quartel do século XX, que justificou os progressivos avanços e os novos preceitos que passaram a reger o atual Registo Predial e o processo aquisitivo dos imóveis. Por isso, pensamos que *já não há explicação bastante* para a subsistência daquele artº 1268º/1, uma vez que se extinguiu *o seu fundamento*, motivo pelo qual ao intérprete cabe concluir que é uma norma que *está manifestamente morta*, o que conduz à sua inaplicabilidade.

viiii) Ainda que tal se não entenda – nem também se considere que não deve atender-se ao disposto no artº 62º da Constituição, o que, consabidamente seria um absurdo –, mesmo assim, face à sobredita contradição insanável relativa à mesma questão de direito,

[179] Note-se que logo após a publicação do Código espalhou-se a ideia de que os proprietários não poderiam dispor dos seus prédios se estes não estivessem registados. Talvez por isso, em quase todas as conservatórias onde o registo era facultativo, acorreram inúmeros interessados em efetuar os registos, tendo causado conhecidos e muito graves atrasos, que em certos locais chegaram a ultrapassar um e mais anos.

estaríamos sempre perante uma *antinomia normativa* entre o questionado artº 1268º/1 e as aludidas normas do CRPred., a qual teria de ser resolvida pelos "critérios hermenêuticos" da *hierarquia* (a lei superior prevalece), da *especialidade* (a lei especial derroga lei geral) e da *cronologia* (a lei posterior derroga lei anterior)[180]. No caso, não estando em causa a hierarquia (uma vez que é a mesma), dever-se-ia atender à *especialidade* (a lei registral é especial em relação à lei civil geral do C.C.), mas ainda, caso se rejeite esta opinião, subiste sempre o critério da *cronologia*. Quanto a este, é óbvio que as disposições do CRPred. são posteriores à daquele artº 1268º/1, pelo essas é que têm de prevalecer.

6.7 – Para que, se dúvidas existirem, possam ficar ainda mais esclarecidas, julgo ter cabimento refletir de novo sobre o princípio fundamental consagrado no artº 62º, da Constituição, cuja parte essencial do nº 1 recordo: "A todos é garantido direito à propriedade privada e à sua *transmissão* em vida ou por morte...".

Como se referiu, verifica-se que presentemente existe uma *insanável contradição* entre o disposto no artº 1268º/1 do C.C. e as supracitadas disposições que regem a formalização dos atos e o registo, mormente os art.ºs 1º, 7º, 8º-A e 9º do C.Reg.Pred. e 54º/2 do C.Not. e ainda, *especial e principalmente*, com o indicado preceito constitucional que *garante a transmissão da propriedade privada*. E, sendo certo que esta norma é lacónica[181], é irrecusável entender-se que a transmissão nela prevista

[180] Citamos já o Parecer da Procuradoria Geral da República n.º 36/2012,publicado na 2.ª série do Diário da República de 14/05/2013 que estudou este tema, pelo que para ele, e bibliogafia que cita, remetemos.

[181] Ainda que lacónica, é inquestionável no sentido referido, como julgamos ser jurisprudência constante (designadamente do STJ e do TC) e doutrina unânime (v.g. referida nas anotações ao artigo feitas por conceituados Constitucionalistas). Aqui cito apenas o estudo de Pacheco de Amorim sobre *o "Direito de propriedade privada e garantia constitucional..."* em que o Autor diz: "(...) o conteúdo básico da garantia constitucional [abrange]: (i) o direito de aceder à propriedade (de adquirir bens); (ii) o direito de não ser dela arbitrariamente privado; (iii) e o direito de a transmitir inter vivos ou mortis causa (liberdade contratual e de disposição testamentária) (Ac. do TC n.º 148/05, de 16.03)". Adiante também refere que "O conceito constitucional de propriedade privada é hoje um conceito amplo, que inclui não só o direito real de propriedade, mas também um amplo leque de outros direitos patrimoniais". (Cf. AMORIM, João Pacheco de: *Direito de propriedade privada e garantia constitucional da propriedade de meios de produção*, em " Boletim de Ciências Económicas", Faculdade de Direito da Universidade de Coimbra, Ano LVII / I, 2014, pp. 225-304).

tem de ser *legal* e – insitamente conexo com este atributo – deve ser *viável*, *segura* e *oportuna*, já que é impensável que o preceito constitucional se refira à transmissibilidade do direito de propriedade que não obedeça, entre outros, aos critérios da legalidade, da regularidade e da segurança.

Tratando-se de *transmissão* para determinado adquirente e havendo potencial conflito com uma *posse* anterior – que nunca poderia ser *oculta*, antes necessariamente *pública*, cognoscível dos interessados, mormente desse interessado adquirente – para que tal transmissão seja firme e garantida, e portanto para que o adquirente não fique defraudado e desapossado do imóvel, *deve averiguar se aquela posse conduzirá à usucapião*, visto que nesse caso se poderá entender que conflitua com o registo do transmitente (já que é a inscrição a favor dele que *legitima* a aquisição: artº 9º do CRPred.).

Recordamos que essa averiguação *apenas* pode ser concretizada através de *decisão judicial* que tenha transitado em julgado, pois, como se viu, as justificações notariais e na conservatória não *decidem*, e muito menos irrecorrivelmente, se poderá, ou não, haver usucapião por parte de terceiro. Contudo, o tempo que notoriamente se exige para chegar à decisão transitada em julgado, *não se compatibiliza* com as atuais necessidades do mercado e da própria atividade económica, mormente no domínio do comércio jurídico imobiliário, cuja *confiança* e a cada vez mais exigida *fluidez*, o Registo Predial visa propiciar e garantir.

Confirma-se, assim, que não é compreensível, nem tão-pouco a vida presente o permite, que o comprador, se quiser fazer uma compra segura – como é normal e legítimo, mesmo à luz da Constituição –, tenha de aguardar anos por uma decisão final legitimadora que lhe possibilite um título adequado para obter um registo inatacável e com todos os seus fundamentais efeitos, conseguindo, assim, a necessária segurança na aquisição.

Sabendo-se que de modo algum seria viável que a ação judicial pudesse transitar em alguns meses, ou seja, *em tempo útil*, essa ilação leva-nos a afirmar que estamos perante uma irremediável *incoerência*, visto que, para a pretendida transação poder ser, nos descritos termos, segura, *nunca seria atempada*, mormente nos nossos dias em que são manifestamente *inconcretizáveis* os negócios jurídicos que só a um muito longo prazo se consigam efetivar.

A vida presente gerou uma notória *indispensabilidade de presteza na concretização dos negócios*, incluindo os imobiliários, mormente se estiver em causa uma contratação internacional ou por via eletrónica[182]. Não se mostrando possível concluir "a tempo e horas" a transmissão da propriedade, *também não se cumpre o preceito constitucional.*

Como no supra referido exemplo o comprador verifica que tem de aguardar anos, resta-lhe desistir e comprar outro prédio. É esta a "lógica do mercado" que, quando Oliveira Ascensão escreveu em 1974 o citado artigo (antes, pois, da *terceira vaga* e da Constituição de 1976) *considerou ter escassa valia* e que maior "densidade humana" tinha a ligação da pessoa ao bem, que se traduziu pelo primado da usucapião. Mas pergunto: que "densidade humana" há quando não se consegue dispor atempadamente dos próprios bens?

Também não sei qual poderá ser considerado o valor mais relevante: se a adesão dos indivíduos aos bens ou se meritório será nem sequer haver "ligação efetiva aos bens", mas antes desprendimento deles. E desconheço se nesse tempo (1974) havia maior "densidade humana" na ligação da pessoa ao bem do que existe agora. O que sei, aliás o que creio todos sabemos, é que hoje em dia é a *lógica do mercado* que prevalece. E em face dessa lógica, o que qualquer contraente quer é que o sistema jurídico lhe proporcione a possibilidade de ter aquisições *bem tituladas* que baseiem registos *seguros*, que lhe garantam os *direitos* inscritos e que deles possam dispor tranquilamente. E o Novo Registo Predial está apto para isso.

[182] Neste caso, a sobredita imposição de uma efetiva celeridade é ainda mais notória. Na verdade, a hoje normal utilização da internet veio alterar radicalmente a possibilidade de uma *longa espera* de soluções. Há mais de 10 anos George Steiner escreveu: "A introdução por Gutenberg do caráter móvel foi (...) uma aceleração [na produção do livro]. (...) A revolução eletromagnética em curso é uma mutação de uma ordem incomparavelmente mais revolucionária" e acentua ainda que segundo o MIT "a arte da produção do livro estará tão ultrapassada em 2120 como hoje a arte do ferreiro" (Cf. Steiner, George *Os Logocratas*, Lisboa: Relógio de Água, 2006, p.64 [o original desta obra é de 2003].

6.8 – Como se referiu, há uma contradição – e contradição insanável – por um lado, entre os preceitos que regem os princípios registrais, mormente os constantes dos artigos 1º, 7º, 8º e 9º do CRPred. e, *máxime*, a norma do artº 62º da Constituição que garante a transmissão (necessariamente segura, livre e atempada) da propriedade privada e, pelo outro, com as que estipulam as relações "da presunção da titularidade do direito" entre a posse e o registo, especialmente a disposição do artº 1268º/1 do C.C.

Quando há uma contradição insanável a doutrina mais convincente indica que *não se podem defender* soluções como as do "direito alternativo" ou de "paralisação de normas injustas" – que, na explicação de Menezes Cordeiro, se posicionam "fora do sistema jurídico"[183] – nem também pode ser aplicada ao caso qualquer das normas contraditórias, visto que *não pode ser o intérprete a escolher*, substituindo-se ao legislador, a *menos que* exista um motivo legítimo que juridicamente determine a prevalência de um desses preceitos. E esse é o caso se a norma *for de nível hierárquico superior*, como acontece se estiver em causa o cumprimento de uma disposição constitucional. Poderá, então ter lugar a interpretação ab-rogante do preceito que contradiz o comando constitucional.

Oliveira Ascensão também refere que "pressuposto desta interpretação", que designa como "interpretação ab-rogante valorativa" (quando se verifica que "não deve ser assim!") "é a existência, no seio do ordenamento jurídico, de regras que exprimem valorações contraditórias". Contudo, "salvo se o princípio for de nível hierárquico superior (por exemplo, se for um princípio constitucional) o intérprete não está autorizado a rever as valorações do legislador e, em consequência, a pôr em causa a regra que lhe parece de menor âmbito valorativo, ou até a afastar a aplicação de ambas as regras"[184].

[183] Explica o Professor: "A possibilidade de, pelo Direito, paralisar normas injustas remonta a Aristóteles. Todavia, o dever de obediência à lei deixa, *prima facie* essa hipótese, fora do universo dos juristas". (Cf. CORDEIRO, António Menezes: *Tratado de Direito Civil I*, 4ª edição, Reformulada e Atualizada, Almedina, 2012, p. 779).

[184] Estas considerações de Oliveira Ascensão, além de expostas na citada obra *O Direito* ... pp. 413-417, constam ainda do artigo *Direito alternativo* (consultável em *sítio* da Faculdade de Direito de Lisboa: http://www.fd.ulisboa.pt/portals/0/docs/institutos/icj/luscommune/ascensao joseoliveira7.pdf.).

Na estatuição do artº 1268º/1 está em causa, designadamente[185], a inobservância do princípio consignado no artº 62º da Constituição, pelo que se mostra pertinente defender a interpretação revogatória. E esta interpretação é também justificada visto que:

Primeiro: o preceito do C.C. no tempo em que vivemos já "na realidade nenhum sentido alberga"[186], isto é, *deixou de albergar*, atentas as expostas razões.

Depois, porque quem adquiriu derivadamente o fez com base em *títulos* válidos, dotados de autenticidade e que já há mais de 36 anos (recorde-se que o prazo máximo da posse conducente à usucapião é de 20 anos!) *só puderam ter sido celebrados* por o transmitente ter demonstrado que estava legitimado para tal.

Além disso, foram subsequentemente lavrados os *registos* com os cuidados requeridos pelo Código atual, tornando cognoscíveis por todos os direitos inscritos, que a lei faz presumir serem válidos, verdadeiros e exatos.

No fim de tudo isto, frustrar-se-ia a básica, legal e indispensável *segurança jurídica*[187] no que concerne ao "comércio jurídico imobiliário" – até mesmo se desacreditando o sistema aquisitivo português –, se esse legítimo adquirente, que cumpriu todas as formalidades legais procurando fazer uma aquisição genuína, pudesse ficar desapossado do prédio porque, afinal, *depois* desses cuidados na sua aquisição, apareceu

[185] Designadamente, mas não só. O valor da *segurança jurídica* – que a lei visa garantir a quem registou – e que em nota ulterior se menciona, também tem nível hierárquico superior.

[186] A expressão é de Oliveira Ascensão, quando a respeito da *interpretação ab-rogante* explica que, na "conclusão do processo interpretativo", "o intérprete não mata a regra, verifica que ela está morta – porque na realidade nenhum sentido alberga". (Cf. ASCENSÃO, José de Oliveira, citado *O Direito*..., p. 413). Presentemente, parece que a *ratio* daquela norma "está morta", como se tentou demonstrar.

[187] A *segurança jurídica* é também um valor de âmbito constitucional (artº 282º/4 da Constituição) ou mesmo, como dizem Gomes Canotilho e Vital Moreira uma das "figuras jurídicas pré-constitucionais" [talvez se pudesse dizer *mais* do que constitucionais]. (*Vide:* CANOTILHO, José Joaquim Gomes e MOREIRA, Vital: *Constituição da República Portuguesa: Anotada*. 3ª ed. Coimbra: Coimbra Editora, 1993, p. 1043).

alguém alegando ter uma "posse anterior"[188] e invocando o artº 1268º do C.C.![189]

A interpretação revogatória parece estar bem justificada porque, à face do indicado "processo aquisitivo", que exige a observância do princípio da *legitimação dispositiva* para cumprir a lei, não se mostra possível conseguir titular a aquisição sem que previamente esteja feito *o registo* (e um registo "normal", que necessariamente inclui todos os efeitos, incluindo o presuntivo[190]) a favor de quem pretende dispor.

6.9 – Caso se considere que na situação em causa não se pode lançar mão da interpretação ab-rogante do artº 1268º/1 – e creio que *se deve*[191] –, mesmo assim o preceito perdeu atualidade e é inaplicável por todas as outras descritas razões, incluindo as que visam resolver as antinomias normativas.

Pelo exposto, afigura-se desajustado das regras interpretativas e da atual *realidade da vida* considerar que, por força daquele velho e retrógrado preceito, a usucapião tenha de continuar a ser o fundamento

[188] Repito: *posse* anterior e não *a usucapião* anterior. Quer isto dizer que se entendeu que quando a usucapião for reconhecida – e é só então que conflitua com o registo –, tal reconhecimento *retrotrai* ao início da posse. Contudo, é posterior ao registo, que já tinha efeito presuntivo. Como se pode entender?

[189] A meu ver a ostensiva anomalia do preceito consiste sobretudo na possibilidade de ser alegada a prevalência de uma posse que só é invocada *depois* de concretizada uma *válida* (titulada e registada) aquisição e sem necessidade de que esta seja *atacada*, designadamente pela *falta de legitimação* do transmitente. Julgo que não é o facto de a usucapião "valer por si" (quando vale) que pode isentar quem a invoca do dever de cumprir todos os demais preceitos legais.

[190] Quando não há título, as partes habitualmente recorrem à justificação notarial baseada na usucapião. Entre outros citados autores, Menezes Cordeiro recorda que a usucapião "tem de ser invocada, judicial ou extrajudicialmente", *não é automática* (cf. *cit. A Posse*, e nota (258), p. 130). Como se tentou demonstrar (perdoe-se-me repeti-lo), a invocação *extrajudicial* da usucapião, através do único meio possível – que é a *escritura de justificação* ou o equivalente processo na conservatória – hoje em dia, como decidiu o STJ, de "nada vale" não tendo até o correspondente registo o efeito presuntivo (?!). Mas, a apreciação *judicial* importa sempre uma duração temporal que, como se disse, é *incompatível com a informação imediata* e disponibilizada *online como atualmente é exigido* e com a celeridade *necessária*, requerida pelo comércio jurídico imobiliário.

[191] Considero ter procurado evidenciar suficientemente a insanável contradição que existe entre a disposição do nº 1 do artº 1268º do C.C. e outras normas que posteriormente entraram em vigor, bem como sobre o supra indicado preceito *constitucional* que justificam a interpretação revogatória ou *ab-rogante* daquele nº1.

axiomático da nossa ordem jurídica imobiliária e, portanto – contrariando todos os referidos preceitos legais –, o registo terá que ter sempre uma secundária e limitada relevância[192].

Julgo que não é assim: o que o nº1 do aludido artº 1268º estabelece (sendo que o nº 2 resulta *vão*[193]) é apenas *uma presunção totalmente idêntica à do artº 7º do C.R.P.*[194]. E indica que essa presunção unicamente terá precedência sobre a do registo se o início da posse for anterior ao registo. Neste ponto – pedindo que se me perdoe a insistência – volto a interrogar: uma vez que o princípio da legitimação dispositiva vigora *há mais de 36 anos* (foi estabelecido pelo C.R.P. de 84), não haverá já uma posse posterior (e "consolidada") dos que foram adquirentes e registantes e não serão hoje verdadeiramente anómalos e dificilmente concebíveis os casos em que seria ainda possível um início de posse anterior ao registo? E não significa tudo isto que, na interpretação daquele artº 1268º/1, quem invoca a usucapião não tem (ou já não tem) qualquer presunção "priveligiada" sobre a do registo? E os casos em que se invoque a usucapião não merecerão, assim, uma redobrada cautela ou até uma "desconfiança" por parte de qualquer julgador?

Não se vê que seja com base nesses casos insólitos e imprevisíveis – diríamos mesmo anómalos e excecionalíssimos[195] – que, no âmbito do comércio jurídico imobiliário, a doutrina e a jurisprudência devam extrair qualquer

[192] Todavia, OLIVEIRA ASCENSÃO também explicou que a presunção do artº 1268º/1 tem de ser conjugada com outras presunções legais, nomeadamente a resultante do registo". (Cf. ASCENSÃO, JOSÉ DE OLIVEIRA, cit. *Direito Civil-Reais*, 4ª ed. nº 52, p. 110).).

[193] OLIVEIRA ASCENSÃO diz: "O artigo 1268º/2 contém uma das poucas disposições exclusivamente dedicadas ao registo do Código Civil. Lamentavelmente, trata-se de um preceito sem conteúdo" (Cf. *supra* citada edição de *Direito Civil-Reais*, nota (1) de p. 343)".

[194] Pensamos que esta é uma ilação incontroversa na jurisprudência e na doutrina.

[195] Dizemo-lo porque o número global de registos de aquisição, inclusive nos anos em que tem havido acentuada diminuição das transações imobiliárias, pela informação aproximada que foi possível colher, ultrapassa os 500.000 anuais, ao passo que, o número de processos julgados no STJ em que é apreciada a questão da usucapião *versus* registo, nunca terá chegado à dezena anual (ou seja, a insignificantíssima percentagem de 0,002% daquele número), pelo que estes casos, representando uma *diminutíssima* percentagem do total dos registos, será propositado referir que, comparativamente com estes, *constituem uma nítida exceção.* E nem abordamos aqui um outro ponto que nos parece muito relevante: quem invoca a usucapião terá de comprovar os seus pressupostos com base em prova testemunhal (com a sua reconhecida insegurança). Quando se invoca o registo sabe-se que este é feito com base em documentos autênticos que foram qualificados e que fazem prova plena.

princípio orientador e, pelas expostas razões, muito menos a da definitiva e genérica "prevalência da usucapião face ao o registo".

Presentemente, à luz da realidade da vida e da legislação que passou a reger o Registo Predial, deve considerar-se que este é um alicerce do Direito Imobiliário e também a instituição que fundamenta a segurança do comércio jurídico imobiliário. Não podemos raciocinar no passado, nem voltar para trás[196].

6.10 – Dito isto, será que queremos significar que, existindo um registo, não possa depois haver uma aquisição por usucapião que o contrarie?

Seria um absurdo negá-lo. Figuremos esta hipótese comezinha: em 1950 A obteve o registo de aquisição a seu favor do prédio X, com base numa sentença transitada em julgado que reconheceu tê-lo adquirido por usucapião. Mas, em 1960 esse A emigrou para a Índia e o prédio ficou abandonado. Em 1970 B passou pública, pacífica e continuadamente a usufrui-lo como seu e em 2000 obteve nova sentença, que transitou em julgado em 2002, e que lhe reconheceu o direito de propriedade com base na usucapião (e, para este exemplo se B registou ou não é indiferente, porque a usucapião não carece de registo). Em 2010 apareceu C, dizendo que é dono porque A, antes de ter emigrado, lhe vendeu o prédio que estava devidamente registado a favor dele, vendedor. É óbvio que esta invocação de o prédio estar registado a favor de A é inteiramente improcedente. Esse registo *agora* nada vale, visto que, depois de lavrado, foi reconhecida a aquisição originária, pela usucapião invocada por B (e que não abandonou o prédio). A usucapião *vale por si* e não pelo facto da posse se ter iniciado antes ou depois do registo. Neste caso, a de B até foi depois.

Ou seja: a usucapião *é independente* do Registo Predial. Pode existir um registo, mas se o titular inscrito abandonou o prédio e deixou que

[196] Recordo que na história de SCOTT FITZGERALD *The Curious Case of Benjamin Button*: Benjamin nasce velho vai ficando mais novo e termina criança, perdendo a memória. O tempo pode inverter? Também na mesma história o Sr. Gateau construiu um relógio para contar o tempo para trás, a fim de que, depois da Grande Guerra, os filhos pudessem voltar e viver. Mas trata-se parábolas: afinal o Sr. Gateau era cego! De facto, não viu que o tempo nunca pode voltar para trás.

outrem iniciasse uma posse pacífica, pública (etc.) até poder motivar a usucapião que, se foi reconhecida, aquele registo (*soi-disant* abandonado) deixou de produzir efeitos, porque sobreveio a aquisição originária. E, inversamente, se alguém (A) era publicamente o dono por ter adquirido *originariamente* (e registou ou não, o que é indiferente), mas sobreveio um terceiro (B) que intentou uma ação de reivindicação, que ganhou, e com base nesse título registou o prédio a seu favor, é esse registo que prevalece, mesmo que o título não tivesse sido a sentença.

Em suma: o artº 1268º, como procuramos demonstrar, é uma norma que *está morta*. Penso que assim como a usucapião *vale por si*, segundo as suas próprias regras, também o registo *vale por si*, segundo as regras que lhe são próprias Os efeitos de cada um são independentes, quer a posse se tenha iniciado antes do registo, quer depois.

CAPÍTULO IV
AS PREMISSAS DO REGISTO E ARCAICOS CONCEITOS

Neste capítulo vou tentar expor esquematicamente a posição assumida quanto a dois temas que considero relevantes para a ponderação de determinados pressupostos documentais do Registo Predial e para a apreciação da valia deste, aos quais frequentemente me tenho referido, mas que continuam a ser invocados por uma grande parte da jurisprudência e normalmente apresentados em teses e trabalhos de modo tradicional, mas diferente daquele que hoje em dia me parece mais acertado.

São eles: 1) o da liberdade de forma; 2) o da transmissão da propriedade e do consensualismo.

§1º

1 – Começando pela "liberdade de forma", o certo é que, como regra de "validade da declaração negocial", a vemos consagrada no artº 219º do C.C. (disposição já antiga que basicamente copia o artº 686º do C.C. de 1866), ao mesmo tempo que a parte final do preceito diz "salvo quando a lei a exigir", o que inculca a ideia de que a exigência de determinada forma é excecional. Todavia, julgo que, no que respeita aos imóveis, tal exigência não é exceção, mas sim a regra.

Sendo certo que temos de distinguir o conceito de *forma* (o meio pelo qual a vontade se exterioriza[197]) do de *formalidade* (que em sentido

[197] Sendo muitas as definições dadas pelos autores, cito apenas duas:. "é uma determinada figuração exterior prescrita para a respectiva declaração ou declarações de vontade" (Cf. ANDRADE, MANUEL AUGUSTO DOMINGUES DE *Teoria Geral da Relação Jurídica*. Coimbra: Almedina, 1987. Vol. II, p. 48). É "o modo utilizado para para exteriorizar as competentes declarações de vontade"

amplo é a forma legalmente exigida para a prova do negócio jurídico), vemos que, no caso dos actos de disposição dos imóveis, a forma que a lei exige é *ad substantiam* (e não meramente *ad probationem*), visto que, se não for observada, o acto *é nulo.*

Esta conclusão tem sustentabilidade legal *no tocante à transmissão ou oneração de todos os imóveis*. É que, nesses casos, *não há liberdade de forma*. O mero acordo verbal *é inválido*. Na expressão daquele artº 219º, "a validade da declaração negocial" (refiro-me obviamente à declaração *expressa* nos negócios jurídicos imobiliários) *depende sempre* da observância de uma forma imperativamente estabelecida, como nitidamente se verifica em face das disposições legais aplicáveis aos bens imóveis.

2 – Posto isto, dizer-se que é totalmente livre a forma dos negócios jurídicos *imobiliários* que envolvam a transmissão ou oneração de prédios, é uma inverdade, embora repetida e insistentemente asseverada em inúmeros trabalhos, especialmente a propósito do *sistema aquisitivo de imóveis*, considerando-se que o acto ou o negócio que lhes respeita pode ser livremente formalizado, atento *o princípio liberdade de forma* consagrado no nosso Direito Civil[198].

Assim, persiste-se em proclamar que, por regra, o comportamento declarativo é totalmente consensual e que o formalismo é a exceção. Como se disse, o artº 219º do C.C. manifesta esse ponto de vista. Só que, no tocante *aos imóveis*, e como resulta das várias disposições aplicáveis, mormente as constantes do próprio C.C.[199], verifica-se que esse conceito não é verdadeiro, já que *não existe na lei um único* negócio jurídico

(CORDEIRO, António Menezes: *Tratado de Direito Civil Português* – Coimbra: Almedina, 1999. I Parte Geral. Tomo I, p. 317). Creio que basicamente convergem na ideia expressa no texto.

[198] Quase todos os autores são unânimes a referi-lo, sendo frequentemente citados o clássico estudo de Rui Alarcão sobre a forma dos negócios jurídicos, no qual o Autor entende que o C.C. consagra o princípio da *liberdade de forma*. (Cf. SILVA, Rui Nogueira Lobo de Alarcão e – no estudo *Forma dos negócios jurídicos: anteprojeto para o novo Código Civil*, no B.M.J. nº 86, p. 177 e ss.) e as lições de Manuel de Andrade (Cf. ANDRADE, Manuel Augusto Domingues de, cit. *Teoria Geral da Relação Jurídica*. p. 141). Mais recentemente Heinrich Ewald Hörster também reafirma "o princípio da liberdade de forma" (Cf. HÖRSTER, Heinrich Ewald, *A Parte Geral do Código Civil Português*. 2ª ed. rev. Coimbra: Almedina, 2019, pp. 482-489).

[199] Referimo-nos, em especial, ao artigo 875º – que, respeitando à compra e venda, se aplica aos outros contratos onerosos (artº 939º) – e bem assim ao 947º, nº 1, concernente à doação, que é, sabidamente, o contrato gratuito paradigmático.

aquisitivo ou onerativo de bens imóveis[200] para o qual seja considerada válida a mera forma verbal.

Com efeito, *só há liberdade de forma* no que diz respeito *aos bens móveis* e, mesmo quanto a estes, com restrições no tocante aos que estão sujeitos a registo[201]. De resto, quanto a *todos os imóveis* e com respeito a *qualquer* acto ou negócio jurídico referente à sua constituição, transmissão ou oneração – e mesmo que simplesmente se trate de *contrato-promessa* meramente obrigacional –, *a lei exige sempre* uma convenção formalizada, como mínimo através de documento escrito[202], o qual "se apresenta manifestamente como *res signata*", constituindo uma realidade declarativa e probatória que necessariamente tem uma *forma* "juridicamente relevante ou *suscetível* de adquirir relevância jurídica"[203].

O que se disse baseia-se, em especial, no disposto no artigo 875º – que, respeitando à compra e venda, se aplica aos outros contratos onerosos (artº 939º) – e bem assim ao 947º, nº 1, concernente à doação, que é, sabidamente, o contrato gratuito paradigmático.

§2º

1 – Quanto à transferência da propriedade por mero efeito do contrato prevista no nº1 do artº 408º do C.C., penso que, além de se poder

[200] No caso da empreitada, não estamos em face de um desses negócios jurídicos aquisitivos ou onerantes do imóvel e, quanto à hipótese do artº 1212º do C.C., a aquisição dos materiais ou do próprio edifício pelo dono da obra não se pode considerar como aquisição de um "prédio", já que a construção em si não é "um prédio" autónomo (que possa ser descrito como tal). Em termos de Registo Predial é referenciado apenas como *averbamento* à descrição do *solo* e esse (o terreno) é que é *o prédio*, no qual foram feitas obras ou construções e que, depois destas, conserva a mesma descrição.

[201] A liberdade declarativa (art.º 219º do C.C.) que se aplica a todas as transações que envolvem bens móveis, apenas sofre, como é sabido, a exceção dos móveis sujeitos a registo, cujo regime, em grande parte, também exige uma *formalização*, ainda que não tão solene quanto a própria dos imóveis.

[202] É claro que nos casos referidos no nº 3 do artº 410º do C.C. é imposta uma formalização mais exigente. Note-se também que quaisquer actos ou contratos feitos através da *internet* são escritos e, além disso, devem obedecer a convénios internacionais e a regras comunitárias, nas quais se estabelecem diversas formalidades e "chaves" securitárias., tidas como necessárias

[203] As expressões são de MARIA ENZA LA TORRE na sua monografia sobre o documento. (Cf, TORRE, MARIA ENZA LA: *Contributo alla Teoria Giuridica del Documento.* Milano: Giuffrè Editore, 2004, p. 13).

colocar a questão da interpretação da norma basicamente na sua "emergência histórica"[204] – que foi, mas já não é, da "realização do Direito" –, ou até a interpretação corretiva, que aqui talvez se possa considerar admissível[205], temos, no entanto que defender, no mínimo, uma interpretação segundo a qual essa norma foi estabelecida por "um legislador *razoável*"[206]. E isto pelas razões que esquematicamente iremos aduzir.

Antes, porém, devemos dizer que se configura bastante difícil, nomeadamente à luz dos atuais princípios registrais da obrigatoriedade e da legitimação dispositiva, sustentar que o consensualismo continua a ser *indubitável* e a dever interpretar-se com a sua tradicional estrutura, *maxime* que a "eficácia real" dos contratos se mantém, tal como o pensamento jusnaturalista a concebeu e ficou consagrada no artº 715º do C.C. de 1866, que perentoriamente dizia que a transferência da propriedade se opera por mero efeito do contrato, acrescentando ainda esta frase absurda (suprimida no atual artº 408º): "sem dependência de tradição ou de posse, quer material, quer simbólica".

[204] Cf: NEVES, ANTÓNIO CASTANHEIRA: *O sentido actual da metodologia jurídica*, em "Ciclo de conferências em homenagem póstuma ao Professor Doutor MANUEL DE ANDRADE". Coimbra, Almedina, 2002, p. 41. Também FRANCESCO FERRARA, a propósito do desenvolvimento do sentido da lei, escreveu: "Os preceitos jurídicos têm um conteúdo *virtual* que é função do intérprete extrair e desenvolver" (*vide:* FERRARA, FRANCESCO: *Interpretação e aplicação das leis.* Tradução de MANUEL DE ANDRADE: Coimbra. Arménio Amado, Editor, 1963 p. 153).

[205] De momento diremos tão-só que OLIVEIRA ASCENSÃO, apesar de considerar que esta interpretação "é inadmissível na ordem jurídica portuguesa", entende, todavia, que há uma exceção: "se o sentido da fonte se revelar contrário à ordem natural é esta que deverá prevalecer" (Cf. : ASCENSÃO, JOSÉ DE OLIVEIRA: cit. *O Direito*,p.427). Num outro sentido – que se me afigura elucidativo –, explica BAPTISTA MACHADO (em *Introdução ao Direito e ao Discurso Legitimador*: Coimbra: Almedina, 1985, p. 186), que esta interpretação "terá lugar apenas quando entre duas disposições legais existe uma contradição insanável". *In casu* pensamos que *tal contradição existe*, desde logo com o *sistema jurídico* que "exige" a tradição (como se dirá) e também face ao disposto no artº 1º e outros preceitos do C.Reg.Pred., como o do artº 8º (e da sua *ratio*), o do artº 17, nº 2 e ainda do artº 291º do C.C. Também é legítimo considerar que, em apoio daquela interpretação, tenhamos outrossim de atender aos princípios constitucionais (ou *pré– constitucionais*) da segurança e da certeza jurídicas.

[206] A frase é de MANUEL DE ANDRADE. Diz: "Se quisermos agora sintetizar e clarificar também, reagrupando-o sob um conceito unitário e simples, o feixe de directivas que constitui o método de interpretação aqui preconizado, tudo se resumirá talvez como se atrás dela estivesse (...) um legislador *razoável*" (Cf. ANDRADE, MANUEL AUGUSTO DOMINGUES DE, *Ensaio sobre a teoria da interpretação das leis*: Coimbra: Arménio Amado, Editor, 1963, p. 103). Foi esta razoabilidade que busquei e que no texto procuro defender.

Essa velha e arreigada conceção transitou para o atual Código de 1966, continuando a doutrina dominante a sustentar a habitual opinião de que o sistema português é meramente *de título* e não *de título e modo* (distinção que, pelas razões adiante referidas, me parece inapropriada), visto que, em síntese, se considera que "para a produção do *efeito real*, regra geral, basta, ou é condição suficiente, um «título»"[207]

Desta feita, entende-se que com – ou após – o *contrato*, ao adquirente não é exigido o cumprimento de qualquer tarefa, encargo ou dever (de qualquer *modo*[208]) para que possa afirmar, invocar, ou comprovar o seu Direito Real, que nasce *apenas* por ter sido – e quando foi – "contratado". Mas isto será inteiramente assim?

Não acredito que seja. Em primeiro lugar, não me parece que o *efeito real* seja obtido sem que se verifique uma *entrega* material ou simbólica do bem móvel ou imóvel (a *tradição* na posse). Na verdade, o que se tem de se entender por *efeito real*?

Penso que por *efeito* se deve entender a *consequência* que na frase se liga à expressão – que é o conceito – de *real*, isto é, de Direito Real. Por isso, sustentar-se que só com o título se obtém o *efeito real* quer dizer que é unicamente através do documento – escritura pública ou documento particular autenticado – em sentido formal e material (ou causal) que se constitui o Direito Real.

Sem ter a pretensão de no presente estudo, mesmo sumariamente, expor as correntes doutrinárias que intentam definir este Direito, para o tema do *efeito real* talvez baste recordar a explicação de alguns Autores. Assim: ALMEIDA COSTA refere que se trata do "direito que

[207] Cf: JARDIM, Mónica Vanderleia Alves de Sousa , *Estudos de Direitos Reais e Registo Predial*. Coimbra: Gestlegal, 2018, p. 49.

[208] Temo-nos interrogado a propósito do *conceito de modo* e como presentemente deve ser entendido. Tradicionalmente era apenas percebido como um encargo imposto às liberalidades ou aos "negócios gratuitos". MANUEL DE ANDRADE diz perentoriamente: "o modo só pode ser aposto a negócios gratuitos" (vide: *op. cit.* p. 395) e outros autores também entendem o conceito apenas ligado às liberalidades (v.g. ANTUNES VARELA em *Ensaio sobre o conceito do modo*, Coimbra, Atlantida, 1955, onde apenas trata do modo em liberalidades). Todavia, *não pode ser esse o sentido* quando se fala em *título e modo*. Neste caso, como ensina a doutrina espanhola, o modo é ou a "tradição", ou a "realização do título" ou "um dever" instituído na constituição dos Direitos Reais. É, pois, neste sentido que, no tema em causa, parece que tem de se entender a expressão.

atribui aos respectivos titulares poderes directos e imediatos sobre coisas certas e determinadas"[209]. ORLANDO DE CARVALHO, ao falar da "doutrina comum", diz que "característico do direito real é ser um poder direto e imediato de uma pessoa sobre uma coisa". RUI PINTO DUARTE, indica "as várias conceções de direito real", dizendo que "merece uma referência especial (...) a feita por HENRIQUE MESQUITA (... que acentua) o domínio ou *soberania de uma pessoa sobre uma coisa*"[210]. Com efeito, este Autor considera que "o núcleo de qualquer relação real é, sem sombra de dúvida, pelo menos no plano dos efeitos prático-económicos que visa produzir, o domínio ou soberania de uma pessoa sobre uma coisa"[211]

Em suma: para que exista a constituição (a criação) de um "efeito real" por parte do adquirente de uma coisa demonstra-se ser necessário que ele adquira *um poder direto e imediato sobre essa coisa*. E adquire-o apenas subscrevendo uma escritura pública?

Como disse BORGES DE ARAÚJO (em observação já *supra* citada) "o notário, ao lavrar a escritura (...) limita-se a dar forma legal a declarações a que a lei atribui determinados efeitos"[212], Quer dizer que o notário *não faz* a entrega da coisa nem *colabora* nessa entrega, mesmo simbólica. E o que foi escrito por esse distinto Notário português, podia-o ser igualmente por um espanhol, já que também pertence ao "Notariado Latino", tendo conceções e procedimentos similares.

No entanto, ao que nos é dado entender, *sem haver a entrega* (uma *tradicio*) por parte do *tradens* não pode o adquirente obter a posse e o "poder

[209] Cf. COSTA, Mário Júlio de Almeida: *Direito das Obrigações,* Coimbra: Almedina, 4ª ed, p. 85. O Autor, em edição anterior, também diz que os Direitos Reais se "definem geralmente como poderes directos e imediatos sobre coisas certas e determinadas" (*Direito das Obrigações.* Coimbra: Atlântida Editora, 1968, p. 41).

[210] *Vide*: CARVALHO, Orlando de: *Direito das Coisas,* edição coordenada por FRANCISCO LIBERAL FERNANDES, RAQUEL GUIMARÃES e MARIA REGINA REDINHA, Coimbra: Coimbra Editora, 2012, p. 86. Adiante (p. 106), o Autor refere que é preciso atender ao *lado externo* e ao *lado interno*, correspondendo este ao poder direto e imediato de uma pessoa sobre uma coisa e aquele à oponibilidade *erga omnes* por essa pessoa. E ainda DUARTE, RUI PINTO: *Curso de Direitos Reais.* 3ª ed. Cascais: Principia, 2013, pp.16/17, mas itálico nosso.

[211] Cf: MESQUITA, MANUEL HENRIQUE: *Obrigações Reais e Ónus Reais,* Coimbra: Almedina, 1990, p. 56.

[212] Cf: ARAÚJO, ANTÓNIO MAGRO BORGES de, cit. *Prática Notarial.* pp. 488 e ss.

direto e imediato" sobre a coisa. Para que o tenha, a coisa *tem de lhe ser entregue* para que ele dela se possa assenhorar e, designadamente quanto à propriedade, passe a exercer os direitos que o artº 1305º do C,C. lhe confere[213]. Aliás, com a transmissão do direito de propriedade transmite-se a posse. E isso é a *tradição*. Como explicou Oliveira Ascensão ela "é a forma específica de transferência da posse entre vivos. Aí, a transmissão da situação jurídica acompanha a transferência da situação de facto (...). Há então uma entrega. E o artigo 1263º/b esclarece que a tradição pode ser material ou simbólica"[214].

2 – Em Espanha, regra geral, ninguém duvida de que o sistema aquisitivo seja o de *título e modo*. E isto, em parte, porque o artº 609º do C.C. faz uma lacónica e imprecisa referência à tradição, em "certos contratos", aliás sem aí especificar quais[215]. No entanto, a doutrina espanhola dominante (ou praticamente unânime) considera – e julgo que bem – que "com a mera outorga da escritura" é também "dada por cumprida a tradição", o que, quanto à venda, o artº 1462º do C.C. confirma[216]. No que respeita ao registo, entende-se (e, a meu ver, inadequadamente) que "a inscrição é uma formalidade independente da tradição e cumpre uma função distinta de prova e defesa do direito"[217].

213 Sem haver a entrega efetiva como pode o proprietário ter o pleno aproveitamento da coisa? É que a propriedade engloba esse direito. Pinto Duarte lembra a "ideia clássica de que o direito de propriedade é o domínio ilimitado e exclusivo de uma pessoa sobre uma coisa" (Cf. DUARTE, Rui Pinto, cit. *Curso de Direitos Reais,* p. 50). Menezes Cordeiro dá a seguinte noção de propriedade: "*é a afectação jurídico-privada de uma coisa corpórea, em termos plenos e exclusivos, aos fins de pessoas individualmente consideradas* ou, se preferir, *a permissão normativa, plena e exclusiva de aproveitamento de uma coisa corpórea*" (Cf. CORDEIRO, António Menezes – cit. *Direitos Reais.* p. 630).

214 Cf: ASCENSÃO, José de Oliveira: cit. *Direito Civil-Reais.* 4ª ed. p.118.

215 Diz o artigo 609º/2: "La propiedad y los demás derechos sobre los bienes se adquieren y transmiten por la ley, por donación, por sucesión testada e intestada, y por consecuencia de ciertos contratos mediante la tradición".

216 Diz o artigo 1462º "(...) Cuando se haga la venta mediante escritura pública, el otorgamiento de ésta equivaldrá a la entrega de la cosa objeto del contrato, si de la misma escritura no resultare o se dedujere claramente lo contrario".

217 Cf: LACRUZ BERDEJO, José Luis e SANCHO REBULLIDA, Francisco de Asis – cit. *Derecho Inmobiliario Registral.* Elementos de Derecho Civil III, bis, p. 117.

É certo que o artº 408º do nosso C.C. não alude à tradição. Mas *tem* de o fazer *implicitamente*[218],visto que não quis significar que, graças ao contrato e em sequência dele, não tivesse que haver a *entrega.* A lei não desobriga o *tradens* de entregar a posse da coisa que declarou transmitir. Afigura-se-me evidente que, quando ele contratou ou até se celebrou contrato-promessa, tanto se obrigou a outorgar o contrato translativo, como a entregar a coisa, desapossando-se dela. Pelo menos tê-lo-á feito tacitamente, porque de outro modo, se a coisa não for entregue, também a aquisição, com a transmissão da posse, não se consumou, o que até pode obrigar o adquirente a compeli-lo judicialmente a tanto.

É evidente que, quanto aos imóveis, não pode haver uma entrega *física,* como acontece nos bens móveis. Ela é, e tem sempre de ser, *simbólica,* como a própria lei admite. Creio que tem de se entender que uma entrega ao *accipiens,* que corresponda ao abandono do *tradens, tem sempre de haver,* a fim de que aquele passe a exercer os poderes soberanos sobre a coisa e este deixe de os poder praticar. Só assim se dá o denominado *efeito real.*

Como é sabido, devemos em todo o caso, por um lado, atender à *unidade do sistema jurídico* e, pelo outro, presumir que o legislador acolheu "as soluções mais acertadas". Consequentemente, não podemos interpretar o artº 408º como se expressão "mero efeito do contrato" quisesse dizer que a transmissão se dá – ou se pode dar – sem que, *conjuntamente com a assinatura do título translativo* (escritura pública ou outro), o transmitente deixe de fazer, ou fique desobrigado de fazer, *a entrega* real ou simbólica da coisa.

É claro que, *tendo de fazer a entrega* (salvo se existir alguma exceção ao nº 1 do artº 408º, como no caso de haver reserva da propriedade) nunca se pode dizer que pelo sistema português de "transferência de direitos reais sobre coisa determinada" seja só de *título* por bastar outorgar o documento translativo. É evidente que este é indispensável. Mas, além

[218] Embora não conheça que este argumento tenha sido alguma vez defendido, penso que, pelas razões expostas no texto, é lógico chegar-se a esta conclusão. Talvez até tenha sido por se considerar supérfluo mencionar a tradição que (ao contrário do que, na elaboração do Código, inicialmente havia sido proposto) na redação final do preceito se terá decidido não a mencionar. Afinal, o Código espanhol, ao referi-la (aliás, ao que me parece, desajeitadamente), nada acrescentou.

do título, é outrossim necessário entregar, ainda que simbolicamente, a coisa, constituindo essa obrigatória entrega a tradição o *modo*, apesar de o artº 408º não o mencionar expressamente.

Este artigo utiliza apenas a expressão "contrato". Contudo, uma coisa é *o contrato* e uma outra é a efetivação ou concretização *da transmissão* dos bens de harmonia com as regras aplicáveis. E creio que não se deve duvidar que *o cumprimento destas* obrigue o transmitente que contratou a subscrever quer o devido documento, quer *também* a fazer a entrega da coisa que nesse documento declarou ter vontade de transmitir.

3 – Unicamente pelas expostas razões, já o sistema português se devia considerar – à semelhança do espanhol – como de *título e modo*. Aliás, por tais motivos, também não conhecemos, e pensamos que *em rigor não existe* (mesmo em Itália, Bélgica ou França), um sistema só de título.

No entanto, quanto ao artº 408º, *além do referido* e do que acontece em Espanha, entre nós existe uma *outra razão determinante*: é que o mencionado princípio da obrigatoriedade *impõe* uma obrigação que *constitui um modo*[219], no sentido de um *encargo instituído por lei* para a "finalização do título" por meio da sua inscrição registral. Julgo que por esta razão Rui Pinto Duarte considera que agora "nenhuma razão há para, no que toca aos imóveis submetidos ao registo predial, manter a regra do art. 408 do C.C."[220]

Este *dever de registar* imposto ao titulador – que, destarte, é um *modo* – foi legalmente estabelecido para ser cumprido *após* a realização do título. Mas, a *precede-lo*, isto é, para ser observado aquando ou antes da feitura do título, a lei instituiu (artº 9º/1) o princípio da *legitimação dispositiva*. Citamos já Menezes Cordeiro quando sucintamente explicou

[219] Recordamos já que estas expressões *título e modo* ou só *modo* usadas para determinar o condicionalismo respeitante à transmissão de bens, como se disse, nada têm a ver com a cláusula contratual de *modo*.

[220] Cf. cit. *Curso de Direitos Reais*, p. 146. Por nossa parte, pensamos que não apenas "no que toca aos imóveis submetidos ao registo predial", mas sim a quaisquer bens, móveis ou imóveis, que se transmitam, pela referida razão de que *tem sempre de haver* uma entrega (uma *tradicio*), pelo que a regra do artº 408º, como tem sido entendida, seria ilógica. E, parafraseando Sartre, acaba por ser uma fraqueza (infundada) a de "quem se quer acolher à sombra de uma norma para defender um erro": o de que o nosso Direito não exige que haja a entrega.

que a disposição veio "condicionar a própria alienabilidade dos direitos à existência prévia do registo a favor do alienante".

Por conseguinte, não só o título depois de lavrado *deve* ser registado, como nem sequer pôde ter sido feito sem o prévio cumprimento do mencionado princípio da legitimação dispositiva que constitui uma *condição legal* para ele poder ser regularmente lavrado. Significa, portanto, que a transmissão contratual da propriedade não se conclui apenas no acto da titulação e entrega da coisa, mas antes se desenvolve – como o negócio jurídico[221] –, num processo: o *processo aquisitivo*, que já referimos.

4 – A ilação que habitualmente se extrai da expressão "mero efeito do contrato" (a qual, como se sabe, remonta à época do jusnaturalismo) é a de que o artº 408º estabeleceu o denominado "consensualismo" ou princípio da consensualidade. Todavia, esse entendimento, que tem defensores[222] é, no entanto, objeto de diversas críticas, mormente porque:

i) O preceito não estabelece um *princípio jurídico*, visto que não constitui um "fundamento do Direito" e, como *supra* se citou, "não apresenta o grau de abstração e natureza normogenética", nem o grau de generalização e de relevância jurídica inerente aos "princípios", sendo apenas, e quando muito, uma "regra" do regime do Direito[223] e, mesmo como

[221] Menezes Cordeiro recorda "que o negócio jurídico requer, para uma formação cabal, uma actividade composta de actos diferenciados". E acrescenta: "A doutrina civil recuperou, com êxito, a ideia de *processo*, para explicar a formação do negócio jurídico" (CORDEIRO, António Menezes: cit. *Tratado de Direito Civil Português*, Parte Geral. Tomo I, p. 281).

[222] É o caso de Mónica Jardim que fez um pormenorizado estudo do tema e considera que o artº 408º consagra o "princípio da consensualidade". (Cf.: JARDIM, Mónica Vanderleia Alves de Sousa em *Efeitos substantivos do Registo Predial – Terceiros para efeitos do Registo*. Coimbra: Almedina, 2013, pp.412/415 e em *Estudos de Direitos Reais e Registo Predial*. Coimbra: Gestlegal, 2018, pp. 49 e ss,

[223] As citações são de MIMOSO, Maria João e RODRIGUES, Ricardo Alexandre Cardoso, em *Reconfiguração do Consensualismo Contratual: as ações tituladas nominativas e os limites à transmissão*, p. 12 (*in* "Julgar", julho de 2014 e também consultável em http://julgar.pt/author/maria-joao-mimoso/). A locução integral é a seguinte: "O consensualismo, não sendo um verdadeiro princípio estruturante do sistema, não apresentando o grau de abstração e natureza normogenética, essenciais aos princípios estruturantes, assume-se como *disciplina regra* em sede contratual" (itálico nosso). Dizem estes Autores, citando Gomes Canotilho: "os princípios são fundamento de regras, isto é, são normas que estão na base ou constituem a ratio de regras jurídicas, desempenhando, por isso, uma função normogenética fundamentante" (*idem*), o que não é caso do preceito em causa, como nesse estudo se explica.

regra, tem, segundo o entendimento que se crê suficientemente fundamentado [que no ponto iii) indicaremos], mera natureza "supletiva"[224].

ii) As "excepções" a que alude o artº 408º, nº1 – e que no próprio C.C. são inúmeras[225] – na realidade, não são "exceções" em sentido técnico-jurídico, pois "somente os princípios pelas caraterísticas fundamentais que apresentam, porque constituem uma *inevitabilidade* do sistema, poderão ser *excecionados*"[226]. Deste modo, resulta comprovado que não se deve continuar a interpretar a indicada expressão no sentido em que tradicionalmente tem sido, considerando-se que essa norma consagra um "princípio" e que ele comporta algumas "exceções".

iii) O que se designa por princípio da consensualidade, "no ordenamento jurídico português não passa de uma regra lógica, supletiva, e residual", ou seja, como pertinentemente notou Carlos Ferreira de Almeida, "um mito na realidade de múltiplos regimes"[227]. Além disso, verifica-se que a interpretação segundo a qual o artº 408º, nº1 estabelece um *princípio* "não tem em conta (...) a totalidade do direito aplicável, porquanto faz, por um lado, uma leitura parcial do Código Civil e desconsidera, por outro, regimes relevantes regulados por normas exteriores ao Código Civil"[228].

4.1 – Além destas críticas – e atentos outrossim tais "regimes relevantes regulados por normas exteriores ao Código Civil" que Carlos

[224] Esta foi a conclusão a que, entre outros, chegou Carlos Ferreira de Almeida (Cf. ALMEIDA, Carlos Ferreira de, "Transmissão contratual da propriedade – entre o mito da consensualidade e a realidade de múltiplos regimes", *in Themis*, Ano VI, nº 11 (2005), pp, 5-18). No estudo em direito comparado sobre "Transmissão da Propriedade e Contrato", Assunção Cristas, Mariana Gouveia e Vitor Pereira Neves manifestam o entendimento de que a propriedade, por regra (que, no entanto, é uma regra *supletiva*) se transmite por efeito do contrato. Mas, no final explicitam: "no direito português, a regra é também a da supletividade do momento da transmissão" (Cf., destes Autores, "*Transmissão da Propriedade e Contrato*", Coimbra: Almedina, 2001, p. 132).

[225] Como explica Carlos Ferreira de Almeida, as chamadas "excepções" abrangem "um número impressionante de contratos translativos" (Cf. ALMEIDA, Carlos Ferreira de, citado artigo: *Transmissão contratual...*).

[226] Cf. MIMOSO, Maria João, com RODRIGUES, Ricardo Alexandre Cardoso *cit. Reconfiguração...*

[227] Cf. ALMEIDA, Carlos Ferreira de, citado artigo *Transmissão contratual* ..., p. 8 e MIMOSO, Maria João, com RODRIGUES, Ricardo Alexandre Cardoso *op. cit.*, p. 20.

[228] Cf. Carlos Ferreira de Almeida, *op e loc. cit.*

Ferreira de Almeida evoca –, pensamos que também são válidos outros argumentos, especialmente o já mencionado de que a aquisição derivada dos direitos reais não advém apenas de *um acto isolado* (especialmente o da outorga do documento)[229], mas sim de *um processo* "em que cada um dos factos componentes é requisito necessário, embora não seja suficiente, para a produção daquele efeito", pois verifica-se "que a transmissão da propriedade, no direito português, opera por efeito de um facto complexo de formação sucessiva"[230], evidenciando-se que tal *é exigido* numa multiplicidade de situações[231] e ocorre, notoriamente, nas atuais contratações da "era informática".

Acresce que, quando não é seguido o processo aquisitivo legalmente imposto, embora, em alguma hipótese, a transferência da propriedade se pudesse dar – e não vemos que se dê –, no entanto *não se daria segundo a formalização exigida e definida na lei*, o que a tornaria inválida. E essa invalidade tem de ser ajuizada quando se invoca a consensualidade.

4.2 – Como foi referido, o *processo aquisitivo* abrange, por regra, três fases ou etapas:

1ª) primeira: a preparação do título, na qual o alienante *é obrigado* a comprovar perante o titulador, *e para que o devido título possa ser feito*, que está legitimado para poder dispor (citados art.ºs 9º do C.Reg.Pred. e 54º, nº2, do C. Not.). Ou seja: para a lei, o título translativo da propriedade *não pode ser lavrado* sem que aquela prova seja feita e apresentada ao titulador[232];

[229] Rui Pinto Duarte também parece ter esta opinião ou, pelo menos, tê-la tido antes do Dec-Lei nº 533/99, de 11/12, pois considerava que "a melhor interpretação da lei levava a concluir que, por via de regra, a constituição e a transmissão de direitos reais sobre prédios não resultava de um só ato, mas antes de um processo – iniciado com o negócio (...) e completado com a inscrição registral" (Cf. cit. *Curso...*,pp 167/168).

[230] A frase é citada por Maria Clara Sottomayor (cf. SOTTOMAYOR, Maria Clara, *cit. Invalidade e Registo...*, pp. 191 e 920).

[231] Cf. Carlos Ferreira de Almeida *op. cit.* p. 12.

[232] O princípio da legitimação (que nos tem parecido preferível designar por princípio da *legitimação dispositiva*) é indubitavelmente um "princípio" e não uma simples "regra" (recorde-se que tem as apontadas características dos princípios e também está inserido na 1ª Secção do CRPred. onde se acham previstos os princípios registrais que foram legalmente considerados essenciais). Ora, este princípio comporta muito raras "exceções", as quais, aliás, *não o chegam a ser, nem o põem em causa*. É, porém, inoportuno desenvolver aqui este tema, ao qual já nos referimos anteriormente (v.g. em capítulo anterior e em nossos citados *Temas...*, pp. 45-48).

2ª) segunda etapa: a qualificação, redação do acto e outorga do documento (que é o título em sentido formal);

3ª) terceira fase: a promoção do registo da aquisição. Com a introdução do princípio da obrigatoriedade de registar, passou a ser imperativo efetuar o registo da aquisição[233].

A propósito desta terceira fase, é certo que a passagem do Registo Predial a obrigatório, como defendeu Rui Pinto Duarte, "deveria ter levado o legislador a reequacionar o papel do mesmo registo na constituição ou transmissão dos direitos a ele submetidos". Todavia, apesar do legislador não ter tocado nessa disposição (diz o Autor), "agora é claro não apenas que o processo de constituição ou transmissão de direitos sobre prédios *só termina com o registo dos factos a ele submetidos*, como que esse registo é um aspeto central. Se não o fosse, porque seria obrigatório e competiria às entidades a que compete?"[234].

A respeito do "princípio da consensualidade", penso que, embora o legislador não tivesse tocado naquele artº 408º, não se deve entender este preceito em sentido literal e "desgarrado" de outras normas, como as que obrigam à *entrega* da coisa e ao *ónus* da *obrigatoriedade de registar*, Em síntese: a segurança do comércio jurídico imobiliário a que a reforma do Registo Predial – inclusivamente com a introdução do aludido princípio da obrigatoriedade de registar –, terá pretendido dar resposta[235],

[233] Já se tem procurado "desvalorizar" a *obrigatoriedade de registar*, referindo que o incumprimento dessa obrigação não gera a invalidade do título não registado. Parece-me que este argumento não é significativo e ainda menos em matéria de registo. Recorde-se que o incumprimento em causa *é ilegal*, pelo que dá lugar *a uma sanção* (emolumento em dobro) idêntica à existente em Registo Civil antes da gratuitidade dos atos. E neste Registo, v.g. no casamento católico, não é pela circunstância de o celebrante incumprir a obrigação de *remeter atempadamente o duplicado* à conservatória para efeito da transcrição do assento católico que o casamento fica ferido de qualquer invalidade. Sucede é que tal incumprimento dá lugar à aplicação da sanção legal e à *ininvocabilidade do acto enquanto não for registado.*

[234] Cf. DUARTE, Rui Pinto: *cit. Curso de Direitos* Reais, p.146, mas itálico nosso. Cf. ainda *cit. A reforma do registo predial de Julho...*", p. 31. Também nos parece evidente que o registo do título complementa necessariamente *o processo aquisitivo.*

[235] Como foi clara intenção do legislador. Referimos já o preambulo do Dec-Lei nº 116/2008, de 4/7, no qual se diz que se pretendeu potenciar "a coincidência entre a realidade física, a substantiva e a registral contribuindo, por esta via, para "aumentar a segurança do comércio jurídico de bens imóveis". Nota-se também o seguinte: "institui –se ainda um sistema mais amplo de comunicações entre os diversos serviços da Administração. Contribui-se, deste modo, para o alargamento das

exige o processo aquisitivo[236] para que as transações se façam com as necessárias regras e garantias, a fim de que, realmente, exista a requerida segurança.

De modo que, mesmo entendendo-se que o nosso sistema aquisitivo dos Direitos Reais não é de "título e modo"– como pelas aduzidas razões se afigura indubitável que se deve sustentar que é[237] –, ainda assim não seria esse entendimento que devia levar o intérprete a desconsiderar a função e os fundamentais efeitos que hoje em dia o Registo Predial tem.

Não se desvenda, pois, por que motivo – já que o ter-se defendido no passado não é razão – o questionável artº 408º continua a ser invocado para desvalorizar esses efeitos. Assim, ainda que não se considere pertinente a sobredita interpretação, pensamos que sobretudo a jurisprudência poderia considerar adequado, para sustentar as decisões, optar por um mais atualizado entendimento dessa norma.

4.3 – Há mais de 30 anos que MENEZES CORDEIRO escreveu na ROA um artigo magistral no qual fez judiciosas considerações sobre a metodologia jurídica nos finais do Século XX. Numa frase notável sintetizou: "O Direito é um modo de resolver casos concretos. Assim sendo, ele *sempre teve uma particular aptidão para aderir à realidade*: mesmo quando desamparado pela reflexão dos juristas, o Direito foi, ao longo da História, procurando as soluções possíveis"[238].

situações de oficiosidade na promoção e instrução dos registos. A título de exemplo, o registo das acções judiciais passa a ser oficiosamente promovido pelos próprios tribunais (...)".

236 FERNANDO MÉNDEZ, referindo-se ao no sistema espanhol (que é em grande parte idêntico ao português), sustenta a tese segundo a qual o entendimento do fim *meramente publicitário* do registo só é admissível caso se entenda que este *se limita* a tornar eficaz a escritura pública através da sua publicitação *erga omnes*. Ora, não é assim. O registo hoje "*forma parte do sistema aquisitivo*" (cf. GONZÁLEZ, FERNANDO MÉNDEZ, *De la publicidad contractual a la titulación registral. El largo proceso hacia el Registro de la Propiedad*. Pamplona: Thompson: Civitas, 2008, pp. 27/28, mas itálico nosso). –

237 É a opinião que, à luz da legislação vigente, se afigura mais ajustada. Em nota anterior aludimos ao conceito amplo de modo. Parece que presentemente é justificável considerar que a *obrigação de promover o registo* constitui um *ónus* (há o *ónus de registar*, como justamente refere RUI PINTO DUARTE). Por conseguinte, existindo o princípio da legitimação dispositiva e havendo o "ónus de registar", dever-se-á entender que o sistema é necessariamente de *título e modo*.

238 Cf. CORDEIRO, ANTÓNIO MENEZES :"Ciência do Direito e Metodologia Jurídica nos Finais do Século XX" *in* ROA, Ano 48 (1988), pp. 697-768. (O itálico na parte transcrita é nosso).

E, no final do mesmo artigo, refletindo sobre o novo pensamento sistemático, recordava que "o modelo sistemático proposto se apresenta dotado das cateterísticas necessárias para assegurar a ponte ontologicamente constitutiva entre o pensamento teorético e a realidade viva". E conclui: "Mas deve ficar também claro que a Ciência do Direito é, antes de mais, a Ciência da resolução dos casos concretos: a sua renovação assume-se, no final do século, como um repensar das soluções dogmáticas".

Na verdade, as soluções dogmáticas têm de ser permanentemente repensadas.

A interpretação da lei tem igualmente de ser permanentemente repensada.

Dir-se-ia: a Ciência do Direito é, indubitavelmente, uma das "Ciências da Vida", *ao serviço da vida,* e não de realidades históricas, que já foram, mas que já não são, pois o passado já não existe. O presente é que é verídico e real.

Também JHERING reagindo à dogmática imobilista do seu tempo (como nota FERNANDO LUSO SOARES) sugestivamente diz: "O direito não é uma pura teoria, mas uma força viva"[239]. Como o grande Jurista, igualmente creio que "a vida do direito é uma luta" e todos temos o dever de 'lutar' para o interpretar à luz da realidade contemporânea que se nos apresenta.

Consequentemente, não se deve continuar a interpretar o artº 408º e o seu sentido[240]– assim como todos os demais preceitos –, apenas exegética e imobilisticamente, com base nas ideias, nas regras e nas doutrinas provenientes do "mais que secular" Código de Seabra, ou citando sempre opiniões dos mais conhecidos e doutos autores, acórdãos e pareceres, como se a vida e as circunstâncias atuais fossem as mesmas do tempo em que se fizeram tais reflexões.

[239] Cf. JHERING, RUDOLF VON: *A Luta pelo Direito* (tradução e organização de FERNANDO LUSO SOARES), *Cosmos*, 1992, p. 11, onde também está a frase a seguir citada).

[240] Diz RUI PINTO DUARTE: "A lógica do consensualismo e a lógica do registo são claramente contraditórias: qualquer equilíbrio que se alcance entre elas é instável e dá origem a divergências interpretativas e a litígios". (Cf: DUARTE, RUI PINTO: cit. *Curso,* 3ª ed, p. 165). Como se referiu, o Registo Predial tem também uma função cautelar, de justiça preventiva, cabendo-lhe, neste âmbito, prevenir e evitar litígios.

CAPÍTULO V
O CADASTRO E O REGISTO, O PRÉDIO E A SUA IDENTIFICAÇÃO DE FACTO E DE DIREITO

§1º

1 – É habitual falar-se de Cadastro e de Registo como se representassem realidades e instituições idênticas e com finalidades semelhantes. Todavia, nada de mais ilusório, visto que, entre nós, têm funções, âmbito, organização, objetivos e préstimos inteiramente distintos[241].

Numa interessante apresentação feita em dezembro de 2014 por MARIA AUGUSTA SILVA na Faculdade de Ciências da Universidade do Porto em Mestrado de Engenharia Geográfica, a Autora começou por dizer – e bem – que é necessário "desfazer mal-entendidos quanto ao Cadastro, mormente no tocante ao Registo Predial e à Matriz Predial. Há uma confusão – disse –, *pois o Cadastro não tem a ver com registos jurídicos ou fiscais*[242].

De facto, à luz da legislação vigente, o Cadastro é fundamentalmente um "sistema de informação territorial", que inclui a definição geométrica e topográfica, para o que realiza "trabalhos de campo" e elabora mapeamentos das parcelas cadastrais de todo o território. Não constitui *um outro* Registo Predial, nem também está estruturado para saber, definir, ou tornar possível o conhecimento da situação jurídica de cada

[241] Refiro em seguida o essencial do que escrevi no artigo "Cadastro e Registo são instituições complementares, não duplicadas nem concorrentes", publicado na Revista "O Direito", ano 150º II, 2108. Coimbra: Almedina,2018, pp. 227-246.

[242] *Vide* a apresentação feita por MARIA AUGUSTA SILVA intitulada *História do Cadastro Predial em Portugal* (consultável em https://sigarra.up.pt/fcup/pt/conteudos_service. conteudos_cont?pct_id=242991..

prédio. Em equivalência, o Registo jamais pretendeu *invadir* a esfera cadastral, visto que nem tem serviços externos, nem topógrafos, nem meios para localizar marcos, descrever e desenhar os perímetros dos prédios e determinar a sua localização topográfica, embora, inversamente ao Cadastro, esteja organizado e apto para dar a conhecer a todos a situação jurídica dos imóveis com *fé pública* e com a credibilidade bastante para possibilitar o indicado objetivo da segurança do comércio jurídico imobiliário.

Adiante-se, em singelo aparte, que não é assim em todos os países. Há, mesmo só na Europa, regimes bastante diferenciados, como se verificou nos encontros realizados em Espanha por iniciativa do "*Colegio de Registradores*"[243].

No que toca à situação em Portugal, para melhor enquadrar a questão das diferenças entre estas duas instituições comecemos por dividir o tema nos seguintes cinco pontos:

1º – O Cadastro e o Registo têm perspetivas diferentes sobre a propriedade imobiliária e também competências distintas.

2º – Não têm os mesmos conceitos, sobretudo quanto aos direitos que incidem sobre os prédios, nem prosseguem as mesmas finalidades;

3º – Têm um e o outro estruturas e composição funcional e organizacional diferentes;

4º – O Registo atribui à descrição de cada prédio um valor principalmente identificativo, mas individualizado. Contudo, o Cadastro não faz uma abordagem individualizada de determinado prédio, visto que essenciais são as "parcelas cadastrais", englobando *todos* os prédios de uma determinada "unidade territorial", que importa cartografar, valorar, demarcar e sinalizar com precisão.

[243] Nos colóquios realizados pelo "Colegio de Registradores de la Propiedad y Mercantiles de España", em junho – setembro de 2007, sob o título "La relación entre el Catastro y el Registro de la Propiedad en los países de la Unión Europea", em que Portugal esteve representado por Virgílio F. Machado, verificou-se que quase todos os países tinham regimes próprios e competências diferentes. (Consultável em: http://www.catastro.meh.es/documentos/publicaciones/ct/ct61/61_2.pdf).

5º – As finalidades são diferentes: ao Cadastro cabe relacionar rigorosamente toda a *objetividade* imobiliária, principalmente para permitir o *planeamento territorial*, ao passo que o Registo visa determinar confiavelmente a *situação jurídica* de cada prédio isoladamente considerado e *que esteja no comércio jurídico* sobretudo para alicerçar a fiabilidade dos negócios jurídicos imobiliários.

6 – Ao Cadastro incumbe referenciar a *objetividade* territorial imobiliária e ao Registo tornar cognoscível e garantir a real situação jurídica de cada prédio.

7 – Ainda que o Cadastro e o Registo tenham funções e objetivos diferentes, é preciso que as respetivas menções não se contradigam e antes se harmonizem.

2 – Cadastro e Registo têm perspetivas e competências diferentes, como é dito no preâmbulo do Decreto-Lei nº 224/2007, de 31 de maio, diploma referente ao Cadastro que veio instituir o SINErGIC. Diz a propósito deste: "trata-se de um sistema de informação predial único que condense, de forma sistemática, a realidade factual da propriedade imobiliária com o registo predial, as inscrições matriciais e as informações cadastrais"[244]. Sobre o Cadastro, saliente-se em especial a passagem inicial indicativa de que lhe compete sinalizar "*a realidade factual da propriedade imobiliária*". Quer dizer: o legislador considerou que o objetivo central do Cadastro, mormente para se obter a "informação predial única", consistia em identificar e referenciar a *realidade factual* imobiliária, mas não assinala – nem neste nem noutros diplomas – que tem por função inscrever *direitos* e definir ou publicitar a *situação jurídica* dos prédios.

Mais recentemente, a Lei n.º 78/2017, de 17/8 (que revogou a Lei n.º 152/2015, de 14/9[245] e foi posteriormente regulamentada pelo Dec.Reg.

[244] O louvável propósito foi mais recentemente acentuado através da adiante mencionada Lei n.º 78/2017, de 17/8.

[245] Esta lei, que criou o "processo de reconhecimento da situação de prédio rústico e misto sem dono conhecido", previa no artº 2º, d), o reconhecimento *e registo* desses prédios. O artº 3º, nº 4. determinava que "compete ao Instituto dos Registos e do Notariado, I. P., assegurar o acesso das

n.º 9-A/2017, de 3/11), instituiu o que designou como "um sistema de informação cadastral simplificada". No artº 1º/1, esclarece que esse sistema visa: a) adotar "medidas para a imediata identificação da estrutura fundiária e da titularidade dos prédios rústicos e mistos" e, b) criar "o Balcão Único do Prédio (BUPi)".

No tocante à *estrutura fundiária*, o artº 5º prevê a "representação gráfica georreferenciada" (RGG) e o artº 6º refere quais as entidades que têm "legitimidade e competência para a promoção do procedimento". Com respeito a este ponto, depois de nas duas primeiras alíneas se mencionarem as autarquias locais e a Direção-Geral do Território, a alínea c) indica as "entidades públicas com competência de natureza territorial que promovam operações fundiárias ou exerçam competências na área do ordenamento do território"[246].

entidades referidas nos nºs 1 e 2 à informação constante do registo predial (...)". Por seu turno o artº 10º dizia "A presente lei é revista no momento da execução e da conclusão do cadastro predial, de harmonia com o registo predial, de modo a garantir a conjugação da localização e identificação das terras sem dono conhecido e abandonadas, em cada freguesia, com a identificação geo-espacial das terras do domínio público, e o registo predial das terras reconhecidas como sem dono conhecido e que não estejam a ser utilizadas para fins agrícolas, florestais ou silvopastoris". A lei reconhecia, pois, que umas eram as funções do Cadastro e outras as do Registo Predial. A atual Lei n.º 78/2017 veio revogar – mas não contradizer e antes completar – a citada Lei nº 152/2015.

[246] No preâmbulo do referido DReg. n.º 9-A/2017, de 3/11, diz-se que a interoperabilidade [das entidades públicas] "assenta, numa primeira linha, na ideia de que o conhecimento do território e a identificação dos limites e titularidade da propriedade é fundamental para a gestão e decisão das políticas públicas de solos, de ordenamento do território e de urbanismo". Visa ainda a "atribuição do Número de Identificação do Prédio (NIP), sempre que seja confirmada a coincidência entre a informação do registo predial e da inscrição matricial da AT", bem como, entre outras finalidades, regular o Balcão Único do Prédio (BUPi), "que se constitui como balcão físico e virtual que agrega a informação registal, matricial e georreferenciada relacionada com os prédios, bem como uma plataforma de articulação do cidadão com a Administração Pública no âmbito do cadastro predial" e tem ainda em vista estabelecer "procedimentos ágeis de RGG [Representação Gráfica Georreferenciada], com definição de requisitos técnicos e regras simples que potenciam a apresentação de polígonos". Por estas simples citações vemos que a intenção do legislador foi sobretudo a de regular a "estrutura fundiária", identificando os prédios, mesmo para melhor poder planificar o *ordenamento territorial*. Por outro lado, para a "composição administrativa de interesses conflituantes em sede de RGG " é criada uma comissão "presidida por um conservador a designar por deliberação do conselho diretivo do Instituto dos Registos e Notariado, I. P.". Note-se ainda que também se institui o "procedimento especial de registo" que (como adiante se diz) fica a cargo dos serviços de registo.

Sabendo-se que ainda existem prédios que registralmente não estão descritos, foi instituído o *procedimento especial de registo* para se efetuar a sua devida descrição. Quanto à competência para organizar o processo, o artº 13º diz: "O procedimento especial de registo de prédio rústico e misto omisso cabe aos serviços com competência para a prática de atos de registo predial que forem designados por deliberação do conselho diretivo do Instituto dos Registos e do Notariado, I. P. (IRN, I. P.)".

Deste modo, verificamos que também uma mais recente legislação respeitante à informação cadastral continua a considerar (e bem) que o Cadastro e o Registo têm competências diferenciadas.

Quanto à definição e cognoscibilidade da *situação jurídica* dos prédios, sabemos que esta é uma das primaciais funções do Registo, tal como o próprio Código do Registo Predial, logo no artigo 1º, prescreve.

Assim, no plano imobiliário, se quisermos numa palavra sintetizar o intuito do legislador, parece que podemos indicar que, no tocante aos imóveis, o Cadastro tem a finalidade de determinar a sua *situação de facto* e o Registo a sua *situação de direito.*

Como consta do já examinado artº 1º do CRPred. (mas insistimos em evocá-lo) o Registo passou a ter em vista obter "a segurança do comércio jurídico imobiliário", ou seja, os aspetos da segurança jurídica que respeitam aos imóveis, sobretudo às suas transações e onerações. Todavia, afigura-se que, em geral – e também no caso do indicado artº 1º –, está principalmente direcionado para a *segurança jurídica* e para a constitucionalmente garantida proteção *da confiança*, que neste caso, como decorre do que se disse, diz respeito especialmente à *certeza dos direitos inscritos* que permita basear uma sua concludente cognoscibilidade, bem como a válida e segura transmissão e oneração dos imóveis.

Quanto aos fins do Cadastro, julgo que é crucial citar o artº 1º do Dec.-Lei nº 172/95 que afirma: "designa-se por cadastro predial o conjunto de dados que caracterizam e identificam os prédios existentes em território nacional"[247]. Deste modo, verificamos que, para a lei,

[247] Esta é, mesmo historicamente, a finalidade do Cadastro. Indicamos já que está disponível na *internet* uma história do Cadastro da autoria da Engenheira Maria Augusta Silva. (Cf. SILVA, Maria Augusta – *História do Cadastro Predial em Portugal*, consultável em https://sigarra.up.pt/fcup/pt/conteudos_ service.conteudos_cont?pct_id=242991.. .).

o Cadastro deve essencialmente conter o acervo dos dados de facto identificativos dos prédios, isto é, dos "elementos descritivos" *de todos os prédios existentes no território nacional*. Contudo, nunca diz que tem em vista inscrever ou publicar *os direitos* que sobre eles incidem, ou melhor, a sua *situação jurídica*, perspetiva que a legislação sobre o Cadastro nem sequer menciona.

Sublinho: para o Cadastro trata-se de identificar e precisar os elementos caraterizadores que assinalam *física e topograficamente* todos os imóveis que existem no território nacional, descrevendo-os, demarcando-os, diferenciando-os e localizando-os. É claro que isto é essencial para poderem ser definidos princípios e ações de *organização do território,* ou seja, as "bases gerais da política pública de solos" e bem assim elaborados os planos de *ordenamento territorial* – complexa matéria que tem sido proficientemente tratada por especialistas em Direito do Urbanismo[248]. Todavia, esse *não constitui* qualquer dos apontados fins do Registo, ao qual importa basicamente *inscrever* os factos definidores da *situação jurídica* dos prédios e *unicamente* dos que estão no comércio jurídico.

3.– Sobre as conceções referentes à realidade imobiliária, verifica-se que o Cadastro e Registo não têm os mesmos conceitos, mormente no tocante aos prédios e aos direitos que sobre eles incidem. E isso resulta diretamente da diversa natureza destes institutos, e bem assim das diferentes funções que desempenham, como se disse, aquele a de "identificar a *realidade factual* imobiliária" e este a de dilucidar a *situação jurídica* que impende sobre cada prédio que esteja no comércio jurídico[249].

[248] A relevante matéria do Ordenamento do Território tem sido abundantemente tratada, entre outros autores, por Fernanda Paula Oliveira,, v.g. na obra sobre o "Regime Jurídico dos Instrumentos de Gestão Territorial". (Cf. OLIVEIRA, Fernanda Paula *Regime Jurídico dos Instrumentos de Gestão Territorial Comentado,* Coimbra: Almedina, 2016). Quando foi aprovado, pela Lei n.º 58/2007, de 4 de setembro (ulteriormente retificada) o "Programa Nacional da Politica de Ordenamento do Território (PNPOT)" e estabelecidas aos orientações da ocupação do território publicou o livro *Portugal: Território e Ordenamento* onde são analisadas as mais importantes questões que sobre o tema se colocam (Cf. OLIVEIRA, Fernanda Paula: *Portugal: Território e Ordenamento.* Coimbra: Almedina, 2009).

[249] Para a lei (e designadamente para efeito de registo) só são "coisas imóveis" *proprio sensu* os prédios que "podem ser objeto de relações jurídicas". Ademais, *estão fora* do comércio jurídico os "que não podem ser objeto de direitos privados" e, portanto, de Registo Predial. (Cf. artº 202º do Código Civil).

Note-se que, como há anos explicou CATARINO NUNES, "não se descrevem águas, árvores ou arbustos e, muito menos, direitos", mas apenas *prédios*[250] *que permaneçam no comércio jurídico*, visto que o Registo Predial "é um instituto do direito privado e para o direito privado. Supõe as atividades económico-jurídicas particulares"[251].

Assim, referindo unicamente duas disposições, vemos que no citado Decreto-Lei que instituiu o SiNErGIC, o artigo 6º – que tem a epígrafe "conceitos" – na alínea *s*) define «prédio» como "a parte delimitada do solo juridicamente autónoma, abrangendo as águas, plantações, edifícios e construções de qualquer natureza nela incorporadas ou assentes com carácter de permanência". Ora, além do que se disse, para o Registo verifica-se que, tal como para a lei civil e fiscal é essencial, por um lado, a distinção entre prédio rústico e urbano e, pelo outro, a necessidade registral de o prédio *permanecer no comércio jurídico*. Não assim para o Cadastro ao qual importam, indistintamente, *todas* as realidades imobiliárias, tanto públicas como privadas, já que lhe cabe fazer o atinente levantamento e mapeamento geo-topográfico *da totalidade do território*.

Por seu turno, a alínea *u*) daquele artigo veio definir «titulares cadastrais» como "a pessoa ou pessoas, singulares ou coletivas, públicas ou privadas, proprietárias do prédio, no todo, em parte, ou em regime de propriedade horizontal, os detentores de posse correspondente ao exercício do direito de propriedade, bem como, no caso dos baldios, os compartes". Todavia, para os fins do Registo é impossível englobar esta *mescla de direitos completamente distintos* num conceito unitário, tal como a lei faz ao definir *titular cadastral*. É que são todos eles notoriamente dissemelhantes, não se podem equiparar ao direito de propriedade, têm regimes e registos diversificados e nem tão-pouco permitem identificar quem é e o que se deve entender por *titular inscrito*. Basta dizer

[250] Só se podem descrever *prédios* e de cada prédio "é feita uma descrição distinta" (artº 79º/2 do CRPred).

[251] Cf. NUNES, CATARINO: cit. *Código do Registo Predial, Anotado*, pp. 11/12. Note-se que o Autor quando diz "não se descrevem águas, árvores ou arbustos", não pretendeu significar que: a) o direito às águas ou a servidão de águas não pudessem ser *registados* (e são-no, mas em *inscrições*) É que, como ensina RUI PINTO DUARTE, há uma "*autonomia das águas relativamente aos prédios onde se encontram*" (*Vide:* cit. *Curso...* p.176 e ss.) ; b) que águas, árvores, poços, etc. não pudessem ser *mencionados* na composição dos prédios, como podem. Contudo, *descritos* são apenas os *prédios*.

só isto, sem sequer aludir à (importante) questão dos prédios penhorados, hipotecados ou sobre os quais incidem muitos outros direitos, ónus e encargos.

De facto, como já procuramos explicitar, para o Cadastro só importa *a realidade* – *toda* a realidade – territorial e geográfica, englobando rios, estradas, vias férreas, etc., e não a pormenorizada *situação jurídica* de cada prédio (designadamente como é entendido pelo Registo Predial), sendo-lhe irrelevantes os correlativos efeitos no *comércio jurídico*, ao passo que para o Registo *estes é que são essenciais*.

4. – Referi que o Cadastro e o Registo têm estruturas e composição funcional e organizacional diferentes. Com esta observação pretendo lembrar – digo apenas lembrar e não pormenorizar – que o Cadastro faz parte da Administração Central do Estado, integrado no Ministério do Ambiente e, neste, na Direção-Geral do Território, com as suas direções, divisões e secções, bem como delegações regionais e serviços de apoio. Tem os seus diferentes técnicos e especialistas que devem seguir os programas, as orientações e as ordens dadas pelo Ministério e pela Direção-Geral. Trata-se, pois, de uma organização complexa, com as suas múltiplas tarefas – que incluem os trabalhos de campo – e os seus diversos funcionários, com os correspondentes níveis e posições, estando todos incluídos numa "ordenação contínua de autoridades", isto é, numa *hierarquia*. Pelo contrário, o Registo Predial e, designadamente os conservadores, não têm uma estrutura hierarquizada. O organismo central é o Instituto dos Registos e Notariado (IRN) que é um *instituto público* integrado na administração *indireta* do Estado, dotado de autonomia administrativa e que, em termos gerais, gere recursos humanos, instalações, tarefas inspetivas, técnicas e outras, mas que não faz, nem tem competência legal para fazer *quaisquer registos*. Possui funcionários nos serviços centrais, esses sim, inseridos numa hierarquia. É dirigido por um Conselho Diretivo, tendo também um Conselho Consultivo que é o órgão de consulta e de apoio ao qual cabe especialmente a emissão de pareceres sobre recursos e questões jurídicas que os registos suscitem. Contudo, estes *apenas* são feitos nas conservatórias, sob a orientação e direção do conservador que é o responsável pela boa execução dos mesmos (mas que não *sai* da conservatória, mormente para poder *ver in loco* qualquer prédio).

Os registos estão ligados, assim como o notariado, a uma atividade que certa doutrina, que me parece correta, considera pertencer à *função legitimadora do Estado* ou, como também se diz, à função que visa alcançar a *justiça preventiva*, a qual neste âmbito se concretiza através da incorporação no sistema registral de determinada situação jurídica imobiliária, ou da sua denegação, decisões estas que *só* são legitimadas pela *qualificação* livre, isenta e responsável dos correspondentes pedidos de registo, supervisionada pelo conservador. E este quando decide admitir, ou não, que um facto seja registado, *não deve obediência a ninguém*, designadamente ao Presidente do IRN ou ao Ministro da Justiça que não podem dar uma *ordem concreta* no sentido de o conservador qualificar de uma certa maneira e fazer ou não fazer determinado registo. As decisões do conservador são *unicamente passíveis de recurso*, o que, consabidamente, é um caso muito diferente do dos funcionários do Cadastro. Por isso, a doutrina que se nos afigura mais realista, considera que, embora não sendo uma função judicial, no *entanto se exerce com uma independência semelhante*[252].

E isso acontece com cada conservador na "sua" conservatória – identicamente ao de cada juiz no "seu" tribunal – e desde aquele que acaba de ingressar na carreira até ao que a está a terminar ou exerce funções

[252] Esta afirmação tornou-se paradigmática, ao que se nos afigura, desde que há anos foi sustentada pelos conhecidos catedráticos madrilenos Lacruz Berdejo e Sancho Rebullida (Cf: LACRUZ BERDEJO , José Luis e SANCHO REBULLIDA, Francisco de Asis: cit. *Derecho Inmobiliario Registral.* Elementos de Derecho Civil III, bis, p. 305). O primeiro Autor tratou ainda mais detalhadamente o tema no artigo *Dictamen sobre la naturaleza de la función registral y la figura del registrador* (cf. LACRUZ BERDEJO , José Luis: cit. artigo, *in Revista Critica de Derecho Inmobiliario,* nº 530, enero – febrero 1979, pp.75-186). Entre nós não tem sido muito estudada a função do conservador, ao contrário do que acontece em Espanha (que é dos países que tem o sistema registral mais próximo do nosso) em que quase todas as publicações da especialidade dedicam atenção a este tema. Em Portugal a matéria registral tem sido quase só referida nos manuais de Direitos Reais. Mas, mesmo nestes, só alguns autores se referem à função do conservador. Entre os que o fazem, Santos Justo diz: "o conservador, que desempenha uma função para-judicial, «*aparece-nos como um guardião da legalidade*» [indica que esta frase é de Oliveira Ascensão]" (Cf.: JUSTO, António dos Santos, *Direitos Reais.* Coimbra: Coimbra Editora, 2007, p. 59). Por seu turno, Rui Pinto Duarte considera que "desempenha uma função para-judicial" e que ao Registo Predial cabe "uma função jurisdicional" (cf. DUARTE, Rui Pinto cit. *Curso,* #ª ed. p. 173).

inspetivas ou é membro do Conselho Consultivo. Têm *todos* o mesmo estatuto, a mesma condição e a mesma independência funcional[253].

A natureza desta atividade é debatida, embora nos pareça ajustada a opinião que entende tratar-se de uma função que, apesar de não lhe caber decidir o aspeto litigioso das questões, deve, no entanto, considerar-se compreendida no âmbito da jurisdição voluntária[254].

5. A descrição detalhada das parcelas cadastrais é essencial para o Cadastro, mas para Registo *só importa*, isoladamente, *cada prédio*, como coisa imóvel autónoma e individualizada. Por outro lado, o Registo atribui à descrição do prédio um préstimo unicamente *indicativo da sua existência e identidade*, para que sobre ela sejam lavradas as inscrições, e a cujas menções, como também jurisprudência tem entendido[255], não se

[253] Na Separata *BTE*, n.º 11, 13/11/2017 e no ulterior Dec-Lei n.º 115/2018, de 21 de dezembro, onde no capítulo II contempla a carreira de conservador de registos, indica o artº 4º, que "a carreira especial de conservador de registos é unicategorial" e o artigo 7º, nº 1, diz que "O conservador de registos é o profissional com preparação jurídica, a quem incumbe, com responsabilidade, imparcialidade, autonomia técnica e funcional (...) exercer funções e o nº 2 acentua que "no exercício da sua atividade, o conservador de registos prossegue o interesse público, atribuindo fé pública aos atos jurídicos e garantindo segurança e certeza jurídicas". Ou seja, confirma-se que *todos* têm este mesmo estatuto e que no desempenho das funções têm "autonomia técnica e funcional".

[254] No sentido de que as decisões do conservador, sendo "próximas da do juiz", com estas não se confundem (nem constitucionalmente poderiam confundir), designadamente porque não visam dirimir conflitos. A propósito dessa "proximidade", citamos na nota anterior Santos Justo, mas também outros autores, como Carvalho Fernandes, que a respeito da "apreciação da validade substancial dos actos a registar", diz o seguinte: "neste sentido [o conservador] tem uma função próxima da do juiz" (Cf. FERNANDES, Luis A. Carvalho, *Lições de Direitos Reais*, 6ª ed. Lisboa, *Quidjuris*, 2010, p. 116). Pela nossa parte, temos abordado em alguns artigos e conferências o tema do Estatuto do Conservador (*vide*, por todos: GUERREIRO, J. A. Mouteira: *O Estatuto do Conservador*, na *Scientia Ivridica*. Vol. LI, nº 292, Janeiro – Abril 2002, pp.123-134). Neste trabalho abordamos a referida questão das decisões compreendidas no "âmbito da jurisdição voluntária". Depois das alterações legislativas (v.g. do DL nº 116/2008) há casos em que o conservador tem mesmo de dirimir situações conflituosas, como acontece, por ex:, em certas hipóteses de retificação de registos.

[255] Numa das conclusões do Acórdão de 19/09/2017 do STJ (Alexandre Reis) refere-se : "Por outro lado, se a presunção gerada pela inscrição da aquisição do direito no registo predial, ao abrigo do art. 7º do C. Registo Predial, *abrange apenas os factos jurídicos inscritos* e não também a totalidade dos elementos de identificação física, económica e fiscal dos prédios, os elementos que fazem parte do núcleo essencial da descrição, no sentido de, sem eles, não se saber sobre que coisa incide o facto inscrito – que não limites, áreas precisas, valores, identificação fiscal e âmbito –, tal presunção *não pode deixar de se estender à (crucial) existência do próprio prédio objecto do direito*, ainda que não à respectiva área, ou, pelo menos, à exactidão desta, sob pena de se presumir o direito sobre coisa

aplicam as presunções de verdade e de exatidão. Além disso, as referências que contém *nem sequer indicam determinados elementos* que para o Cadastro têm uma importância central, que lhe incumbe sinalizar com precisão.

Assim, para apenas citar duas dessas menções, vemos que o Código do Registo Predial quando assinala nas sucessivas alíneas do artº 82º/1 os elementos que a descrição deve conter, *não faz alusão alguma* à "demarcação", à configuração (ao "polígono"), aos marcos, à planta, ou a outras informações, como a do valor, e as indicações referentes à *topografia* dos prédios, que (ao que julgamos saber) jamais constaram de qualquer descrição.

No entanto, para o Cadastro a *demarcação dos imóveis* constitui um objetivo fundamental. O Artigo 16º do Regulamento aprovado pelo Decreto-Lei nº 172/95, de 18 de julho, integrado no capítulo relativo à "execução do cadastro", tem exatamente esta epígrafe "Demarcação dos prédios" e o citado Dec-Lei 224/2007 dedica-lhe a Secção II do segundo Capítulo, que também tem como epígrafe "Demarcação dos prédios". Acresce que o nº 3 do artº 12º estabelece que as estremas são assinaladas por marcos que obedecem a instruções técnicas e, de entre as regras da execução cadastral, constam os *trabalhos de campo*, considerados essenciais, e ainda os que compreendem a localização de marcos, bem como os elementos físicos e cartográficos que permitam localizar e definir rigorosamente as *estremas.*

No que toca à localização geográfica do prédio, a alínea n) do artº 6º deste diploma diz que é a resultante do posicionamento das suas estremas nos sistemas de referência e de coordenadas definidas pelo Instituto Geográfico Português. E há ainda outras normas indicativas da *importância crucial da demarcação,* bem como da sinalização *topográfica* e *cartográfica* inerentes à exata definição do polígono de cada prédio[256], menções que no âmbito deste capítulo não cabe pormenorizar.

nenhuma".(consultável em: http://www.dgsi.pt/jstj.nsf/954f0ce6ad9dd8b980256b5f003fa814/96c7d83afff637a3802581a10035c352?OpenDocument e *em* www.dgsi.pt/jstj.nsf) [itálico nosso]).

[256] No artº 5º da citada Lei n.º 78/2017, de 17/8, é dito que a representação gráfica georreferenciada (RGG) se efetua "através de delimitação do prédio, mediante representação cartográfica das estremas do prédio" e o artº 7º do D.R. n.º 9-A/2017, de 3/11, contempla os "acertos de estremas e confrontações".

No entanto, os referidos tópicos parece que serão suficientes para demonstrar que estes elementos que para o Registo não contam, *nem sequer são mencionados nas descrições*, são fundamentais para o Cadastro.

No tocante à menção do *valor* do prédio, a que a alínea e) do artigo 82º do CRPred fazia referência – mas que se considerou supérflua para o Registo Predial e por isso foi revogada –, presentemente não lhe é feita qualquer indicação. Mas, sobretudo para as matrizes cadastrais, a perspetiva é diferente, sendo este um elemento de capital importância, obviamente indispensável para a tributação do património imobiliário. Aliás, o Cadastro "surgiu nos finais do século XVII com fins tributários (... e) "na maior parte dos países, o Cadastro tem finalidades fiscais ou tributárias."[257]

Um ponto diferente, mas que creio ser relevante, é o seguinte: o Registo não está estruturado para informar ou tratar das *parcelas territoriais* – que têm uma importância fundamental para o Cadastro –, mas, como se referiu, apenas de cada *prédio* certo e determinado, concretamente descrito[258], sobre o qual incidem os direitos, designadamente os Direitos Reais, já que, como se disse – e, entre outros, ORLANDO DE CARVALHO acentuou –, não é possível, atento o *princípio da especialidade*, que existam "direitos reais sobre coisas genéricas"[259]. Este princípio também nos diz que o Direito Real que incide sobre um prédio é distinto do que tem por objeto um outro.

[257] A observação é de VIRGÍLIO MACHADO que refere ainda: a criação do cadastro destinou-se "à determinação do valor dos bens que integram o território do respetivo país, tendo sido estabelecida a obrigatoriedade de inscrição dos prédios no cadastro, sob pena do pagamento de uma coima. Porque se trata apenas da arrecadação de impostos, dinamizou-se e facilitou-se a inscrição dos titulares cadastrais, sendo suficiente uma mera declaração para que do cadastro fique a constar o nome da pessoa obrigada ao pagamento do imposto, que podia não ser o proprietário do bem, mas o usufrutuário ou o superficiário" (Cf. MACHADO, VIRGÍLIO FÉLIX, *O registo e o cadastro*, intervenção nas Jornadas de Registos e Notariado, realizadas na Universidade do Minho em 13/11/2015. Consultável em*:* https://ascr.pt/general_pages/jobs)

[258] Vide: RODRIGUEZ ALMEIDA, MARÍA GOÑI *El principio de especialidad registral.* Cuadernos de Derecho Registral. "Fundacion Beneficentia et Peretia Juris", Madrid, 2005, sobretudo pp. 64/65, e PAU PEDRÓN, ANTÓNIO: *Elementos de Derecho Hipotecario*, Madrid: Universidad Pontificia Comillas, 2003, p. 52.

[259] Cf. CARVALHO, ORLANDO DE, cit. *Direito das Coisas*, p. 163. Como se disse, o Autor faz a sobredita afirmação a propósito do "*princípio da especialidade ou da individualização*, princípio consagrado na nossa lei também no artº 408º, 2, do Código Civil". (*Idem*, p. 163).

Deste modo, é sobre *cada prédio* "individualizado" e definido na descrição, que se publicitam os direitos e que se organizam os sistemas, como o nosso, do denominado *fólio real*, os quais permitem assinalar que cada um deles tenha o seu próprio "historial" jurídico e fáctico *separado de qualquer outro*[260]. É que, como também justamente se fez notar, "não se pode manter um direito real se o seu objeto mudar: *não é juridicamente possível transferir o mesmo direito real de uma coisa para outra.*"[261]. E, assim, verifica-se que existe uma *indissociabilidade* entre o Direito Real e a coisa concreta (*in casu*, o prédio) que dele é objeto[262]. É a característica própria destes direitos que se designa habitualmente por *inerência*, a qual, como nota CARVALHO FERNANDES, "traduz, pois, uma ideia de íntima ligação do direito à coisa"[263].

No tocante às conceções cadastral e registral, tal como bem acentuou RAFAEL ARNAIZ, "a diferença fundamental entre o conceito registral e civil de prédio e o de parcela cadastral consiste na finalidade do prisma normativo destinado à sua regulamentação". E esclarece que "o Registo da Propriedade forma-se sempre prédio por prédio na medida em que o titular do domínio sobre cada um dos fundos ou prédios pretende que a sua titularidade resulte protegida pelo conjunto de presunções registrais. (...) Pelo contrário na formação da parcela cadastral nunca se segue o procedimento individualizado (...)". Consequentemente, nesse sentido, "cada *zona* é objeto de um conjunto de trabalhos

[260] Cf. GARCIA GARCIA, JOSÉ MANUEL, cit. *Derecho Inmobiliario Registral o Hipotecario*, Tomo I, p. 552.

[261] A citação é de JUSTO, A. SANTOS, cit. *Direitos Reais*, p. 22. O Autor indica ainda que a passagem transcrita é de MENEZES CORDEIRO (*vide: cit. Direitos Reais*, p. 329). Num artigo inserido em publicação que trata do tema do urbanismo também propus demonstrar que os direitos que incidem sobre um prédio não são "os mesmos" que passem a incidir sobre outro. (Cf. GUERREIRO, J. A. MOUTEIRA "Urbanismo e Registo: o caso específico dos loteamentos urbanos" *in Direito do Urbanismo e do Ordenamento do Território – Estudos*, II, *Obra Coletiva*, Coimbra: *Almedina*, 2012, pp.298-306.

[262] RUI PINTO DUARTE quando faz alusão ao princípio da *especialidade* ou *individualização* (que é, como nota, a terminologia de ORLANDO DE CARVALHO) e à impossibilidade de haver um direito real sobre coisas genéricas – o que alguma Doutrina chama «inerência» ou «inseparabilidade» – explica o seguinte: "Realça-se, assim, uma pretendida indissolubilidade entre os direitos reais e as coisas sobre as quais eles incidem". (Cf. DUARTE, RUI PINTO: citado *Curso de Direitos Reais*, 3ª ed. pp. 40/41).

[263] Cf. FERNANDES, LUIS A. CARVALHO, cit. *Lições de Direitos Reais*, p. 63.

cadastrais que ilustram o mapa completo de um termo municipal ou de algum dos seus setores"[264].

Poderíamos acrescentar que, dadas estas profundas diferenças, não se afigura possível apenas pelo Registo – tal como este está hoje estruturado, incluindo em Portugal[265] – planear o *ordenamento do território*, organizar a *política dos solos*, ou sequer identificar quais são os prédios existentes em determinada *zona*[266]. Recorde-se que um prédio com um número poderá estar, como soi dizer-se, "a milhas" de distância do que nessa freguesia veio a ter o número seguinte e ainda que (ao menos face às atuais regras) não é viável saber quais são as descrições que lhe são territorialmente próximas ou até confinantes. As descrições só vão sendo abertas na dependência de inscrições ou averbamentos (artº 80º/1 do CRPred.) e à medida que vão sendo solicitadas, tendo por objeto prédios distintos e situados em locais diferentes, distantes ou próximos uns dos outros.

Contudo, para quotidianamente se poderem celebrar os mais vulgares – mas socialmente fundamentais – atos e negócios jurídicos, também não é possível, pelo Cadastro, saber quais são os direitos, ónus e encargos vigentes sobre cada prédio, nem para obter a mínima segurança jurídica conseguir a oponibilidade dos direitos face a terceiros.

Julgo que estes breves apontamentos serão suficientes para se aquilatar da profunda diferença quanto à natureza dos fins e das menções dos prédios, que para o Registo são mínimas, apenas as consideradas *indicativas da existência e identidade de cada um deles*, ao passo que para o Cadastro são pormenorizadas, incluem a demarcação, o "reconhecimento" geográfico e cartográfico, bem como a rigorosa definição do

[264] Cf. ARNAIZ EGUREN, RAFAEL, *Terreno y Edificación, Propiedad Horizontal y Prehorizontalidad*. Madrid: Editorial Aranzadi, 2010, pp.82/83, mas itálico nosso.

[265] Dizemos em Portugal, visto que noutros países – como é tipicamente o caso da Alemanha, que consabidamente tem um sistema muito diferente – o Registo *é* o Cadastro. Aliás, a palavra *Kataster* também se traduz por "Registo Predial" e o *Kataster* não é dirigido por engenheiros, geómetras, cartógrafos ou especialistas análogos, mas sim por "juízes" (e demais juristas), ou seja, na respetiva circunscrição, pelo conservador: o *Grundbuchrichter*, expressão que se pode traduzir por "Juiz do Registo Predial".

[266] É por isso que quando, por ex., ocorrem incêndios em determinada extensão do território é usual mencionar que tem de se recorrer ao Cadastro para se identificarem os diversos prédios aí existentes.

polígono dos imóveis, ou melhor, dos *vários* imóveis que integram determinada zona ou "secção"[267] – as supra indicadas *parcelas cadastrais* – que constituem elementos nucleares, visto que é isso que se ajusta aos seus objetivos legais e procedimentais.

6 – No outro ponto que foi referido pretendeu-se frisar que o objetivo do Cadastro, como *a própria lei* diz, é o de retratar "o conjunto de dados que caracterizam e identificam os prédios existentes em território nacional", ou seja, identificar toda "a realidade territorial imobiliária", ao passo o Registo não tem essa função, visando sim (perdoe-se a insistência), garantir o conhecimento da *situação jurídica* de cada prédio, de per si, de modo a permitir que sobre ele se inscrevam eficazmente os atos e negócios jurídicos legalmente previstos para que estes, de harmonia com o princípio da legitimação dispositiva, se possam efetivar e titular o *mais celeremente possível* e com a necessária segurança.

Basta esta simples constatação para se verificar que tais diferentes objetivos não colidem, mas antes necessariamente se *complementam*, até porque os direitos em causa incidem sobre prédios e não deve nem pode haver confusão quanto à sua localização e identidade, o que é relevante que seja confirmado e até pormenorizado pelo Cadastro.

Nos termos do artº 8º do citado DL 224/2007, "a entidade cadastral objeto do cadastro predial é o prédio". Contudo, para o Cadastro o conceito de prédio (que já indicamos) não é o mesmo da lei civil. Como decorre desse artº 8º e de outros preceitos, o que aí se pretendeu significar foi tão-só que *o prédio* (que é "parte delimitada do solo") tem sempre de ser caracterizado e identificado rigorosamente por determinados elementos, como se referiu, a sua localização geográfica e a configuração geométrica. No entanto, essas indicações são feitas *dentro* da atinente *secção cadastral*, que abrange *um conjunto* de prédios. Recorde-se que o âmbito da execução do Cadastro corresponde ao território de uma ou mais freguesias (artº 21º), ou seja, a sua elaboração nunca é feita *individualmente* sobre cada prédio concreto.

[267] As *secções cadastrais* constituem elementos fundamentais do Cadastro e podem ser consultadas por qualquer pessoa (*vide:* http://www.dgterritorio.pt/cadastro/cadastro_geometrico_da_propriedade_rustica__cgpr_/consultar_seccoes_cadastrais/).

Vimos que ao Cadastro compete prestar uma informação precisa, geográfica, topográfica e cartográfica da realidade imobiliária de todo o território nacional. Para tanto, a respetiva Direção-Geral tem uma estrutura capaz e dispõe de importantes meios e serviços, desde os que visam o ordenamento do território aos que se destinam a proporcionar uma adequada informação, apoiada (entre outros) por trabalhos de campo e pela navegação por satélite, por georreferenciamento e dados fotográficos e ainda por estudos de geodesia, cartografia, fotogrametria e topografia. Desenvolve ainda o Sistema Nacional de Informação Geográfica (SNIG) e participa em projetos de investigação nacionais e internacionais.

Não cabe aqui tratar estes temas, mas ao referi-los apenas quero sublinhar que todos nos podemos aperceber que o Cadastro evoluiu e se modernizou consideravelmente para poder desempenhar uma das mais importantes tarefas do Estado que é a de *conhecer o seu próprio território nacional e a sua pormenorizada configuração.* Pena é que esse intuito não seja concretizado, visto que continua bastante moroso[268] e instituído apenas em determinados concelhos do País, Veremos se para tal concretização contribui a "estrutura de missão para a expansão do sistema de informação cadastral simplificada", criada pelo Dec-Lei nº 29/2020 de 29/06, publicado na sequência da Resolução do Conselho de Ministros nº 45/2020 de 16/06.

Quanto ao Registo, começo por de novo recordar, seguindo a citação feita por Rui Pinto Duarte em alguns dos seus trabalhos, que foi publicado pelo *Conselho Económico e Social das Nações Unidas*[269]

[268] Esta morosidade é extensível ao SiNErGIC (que é da responsabilidade de Direção-Geral do Território) relativamente ao qual, apesar de instituído há mais de 12 anos (!) pelo citado Decreto-Lei n.º 224/2007, de 31 de maio, no entanto, em termos nacionais, ainda não se conhecem resultados.

[269] Cf. DUARTE, Rui Pinto: citado *Curso de Direitos Reais*, pp. 137/8. Esta referência consta igualmente do ponto '8' (com a epígrafe "A relevância do registo predial") do referido trabalho do Professor, publicado no nº 1 da "Revista do Notariado". A frase textual é: "Os registos públicos dos imóveis são indispensáveis ao desenvolvimento social, como o Conselho Económico e Social da Nações Unidas sumariou num dos documentos em que abordou o assunto". (Em nota indica que é o documento intitulado *Social and Economic Benefits of Good Land Administration* Cf. DUARTE, Rui Pinto: "A reforma do registo predial de Julho de 2008", em: *Revista do Notariado,* nº 1, maio de 2009, pp.5-33. A citação é de p. 28.

o documento nº *HBP/1998/8* no qual se concluiu que os registos públicos de imóveis têm, como citamos, várias finalidades e são "indispensáveis ao desenvolvimento social". È claro que este documento daquele relevante Organismo internacional tem um *incontornável valor e relevo* que, apesar de pouco conhecido, não pode ser menosprezado.

Em Portugal a evolução do Registo revela-se notória e a sua modernização e informatização foi conseguida em todo o nosso País desde a reforma de 2008 e em *muitíssimo pouco tempo* com a dedicação de conservadores e funcionários trabalhando *dia e noite* (e muitos, como fui informado, sem receberem quaisquer suplementos), tendo abrangido não apenas os atos pendentes, mas todos os que constavam de livros e arquivos desde 1940, portanto há mais de 75 anos. Mas se, porventura, nalguma raríssima situação, se tornar necessário recorrer a um ato ainda anterior, mesmo que seja do século XIX, esse ato muito antigo e todos os que dele dependam são também *imediatamente informatizados.*

7 – A exata localização dos prédios é um elemento de indubitável importância e o Cadastro tem dados bastantes para a indicar e mencionar com precisão a sua situação e posicionamento *geográfico*, com a indicação "dos vértices das suas estremas no sistema de coordenadas", informações que não constam do Registo Predial.

Afigura-se-me que o mais moderno meio para identificar e definir a localização dos imóveis é a georreferenciação. O Decreto Regulamentar 9-A/2017, de 11/03 que especialmente, regulamentou o "sistema de informação cadastral simplificada" (antes criado pela Lei n.º 78/2017 de 17/08) indica que georreferenciação é a identificação de um terreno através de coordenadas geográficas, definindo a sua localização exata e os seus limites, num mapa, com a ajuda de um satélite, usando o sistema GPS. E no artº 5º pormenoriza em que consiste a representação gráfica georreferenciada.

Por seu turno, o artº 1 também criou, além da informação cadastral simplificada, o "Balcão Único do Prédio (BUPi)"[270] e o artº 3º o "número

[270] A informação que este *Balcão* contém é acessível no sítio: https://bupi.gov.pt/

de identificação de prédio", tendo este artigo explicitado (no nº1) que "o prédio tem um identificador único, designado por número de identificação de prédio (NIP)". De entre as diferentes medidas tomadas – que aqui não cabe pormenorizar – há a da generalizada obrigatoriedade da georreferenciação "para registar uma propriedade no registo predial" e mais outras três que julgo dever salientar: 1ª) a do procedimento especial de registo de prédio rústico e misto omisso previsto nos artºs 13º e ss.; 2ª) a da conjugação do registo com a representação gráfica georreferenciada indicada nos artºs 16º e ss; e 3ª) a definição do BUPi que, nos termos do artº 22º/1, "é um balcão físico e virtual, da responsabilidade do IRN, I. P., que agrega a informação registral, matricial e georreferenciada relacionada com os prédios".

Este diploma foi introduzido *a título experimental* em alguns concelhos[271], aplicando-se durante um ano. Depois, como nele se declara "a sua aplicação será avaliada para se planear a implementação a nível nacional". Essa aplicação só veio a ser estatuída pela Lei nº 65/2019, de 23 de agosto, regulamentada pelo D.R. n.º 4/2019, de 20 de setembro que, no artº 1º, declarou que se "mantém em vigor e generaliza a aplicação do sistema de informação cadastral simplificada („,) integrando os seguintes procedimentos: a) O procedimento de representação gráfica georreferenciada (RGG) („,) b) O procedimento especial de registo („,)".

A indicada Lei, no mesmo artº 1º, entre outras medidas, decidiu promover a criação de um *acordo de colaboração interinstitucional* entre o Centro de Coordenação Técnica e cada município, bem como a universalização do Balcão Único do Prédio (BUPi), configurado pela mencionada Lei n.º 78/2017, e ainda – quiçá o mais relevante –, no quadro do Centro de Coordenação Técnica, um *protocolo* a celebrar entre a Autoridade Tributária e Aduaneira (AT) e o Instituto dos Registos e Notariado, I. P. (IRN, I. P.), segundo o qual "a AT transmite à plataforma BUPi a informação relativa aos prédios inscritos nas matrizes prediais rústica e urbana, localizados no respetivo município, bem

[271] Foram indicados os concelhos de Pedrógão Grande, Castanheira de Pêra, Figueiró dos Vinhos, Góis, Pampilhosa da Serra, Penela, Sertã, Caminha, Alfândega da Fé e Proença-a-Nova.

como a identificação dos seus titulares, através do nome e número de identificação fiscal, e respetivo domicílio fiscal" e, por seu turno, "o IRN, I. P., é a entidade responsável pelo sistema de informação cadastral simplificada e pelo BUPi" (artº 2º/1). A este Instituto compete-lhe, entre as várias atribuições que sucessivas alíneas especificam, garantir a interoperabilidade dos dados detidos por diversos institutos mormente com vista a, de forma eletrónica, proceder à partilha entre si e com os municípios, da informação relevante sobre os elementos caracterizadores e identificativos dos prédios rústicos e mistos e dos seus titulares.

No entanto, já em 2007, isto é, dez anos antes da referida Lei n.º 78/2017, tinha sido publicado o Decreto-Lei n.º 224/2007, de 31/05 que instituiu o "Sistema Nacional de Exploração e Gestão de Informação Cadastral (SINERGIC)", concretizando a anterior Resolução do Conselho de Ministros n.º 45/2006, de 4/05. O preâmbulo desse Dec-Lei explica que se trata de medida experimental destinada a viabilizar "um sistema de informação predial único que condense, de forma sistemática, a realidade factual da propriedade imobiliária com o registo predial, as inscrições matriciais e as informações cadastrais".

Decorridos todos estes anos, verificamos que, relativamente a estas (e outras) medidas legislativas, muito pouco se concretizou, designadamente no tocante à comunicação cadastral que devia ser prestada ao Registo Predial e à falta de meios deste para obter a informação georreferenciada dos prédios, bem como à universalização do BUPi, enfim a um *sistemático atraso*, talvez devido à burocracia estatal, pois, pelo que se constata e como decorre do que se disse, esta inércia não é devida a falta de legislação, que existe. O que falta é cumpri-la.

§2º

1 – A noção de prédio que é dada pelos indicados diplomas respeitantes ao Cadastro, anteriormente indicados, é semelhante à fiscal, que consta do artº 2º do Código do IMI (o CIMI), mas divergente da do artº 204º/2 do C.C. e ainda da que, para o Registo *implicitamente* resulta do CRPred.[272]. É que o conceito registral, embora estando, por um lado, próximo do da lei civil (entendido essencialmente como "uma parte delimitada do solo"), tem, pelo outro, aproximação ao conceito fiscal, designadamente porque a sua composição pode pormenorizar realidades diversas (por ex. as marinas de sal) ou a descrição referir-se a "prédio misto". Contudo, tem uma diferença fundamental em relação àqueles outros conceitos: só é *prédio registável se estiver no comércio jurídico*[273]. Por conseguinte, o conceito registral de prédio não coincide nem com o fiscal, nem com o do Código Civil: é autónomo.

Para o Registo Predial não existe a noção de prédio do domínio público, visto que é um "instituto do direito privado e para o direito privado" (*cit.*Catarino Nunes). Note-se ainda que o prédio – base do sistema registral[274] – é encarado sob um tríplice aspeto: físico, económico e fiscal (artº 79º/1do CRPred) e de cada um, individualmente considerado, deve ser feita uma descrição distinta[275].

[272] Sobre o tema *vide*: DUARTE, Rui Pinto, cit. *O Registo Predial*, pp. 10-13; LOPES, Joaquim de Seabra – *Direito dos Registos e do Notariado*, 3ª ed. Coimbra: Almedina, 2005, p. 325-329; GUERREIRO, J. A. Mouteira, cit. Noções..., p. 174, onde se diz: "Verifica-se deste modo, que se procura fazer coincidir a realidade *prédio* – tomado em sentido material, como unidade espacial – com o conceito jurídico-registral: o objeto formal da descrição". Em nota (3) cita-se Lacruz Berdejo quando (*op. cit, p.* 64) manifesta a opinião de que o conceito de *prédio material*, vai "cedendo hoje lugar ao de *prédio funcional*".

[273] Há uma aparente exceção: a de prédio de domínio público objeto de concessão "quando sobre o direito concedido se pretenda registar hipoteca" (al. x) do artº 2º/1). Todavia, não se trata de "prédio" no sentido próprio do termo, mas sim de um "bem" [por ex. uma ponte] que, apesar de ter de se descrever para se registar a hipoteca, contudo essa descrição é, na maioria dos casos, muito diferente (artº 84ª) da de um prédio (artº 82º).

[274] Como nota, e bem, Isabel Quelhas Geraldes, "num sistema de base real ou fólio, como é o português, o prédio é o centro nevrálgico de toda a atividade registal" (Cf. GERALDES. Isabel Ferreira Quelhas, *Código do Registo Predial– Anotado e Comentado*, Coimbra, Almedina, 2020, p. 222).

[275] O artº 79º/2 diz "é", mas, na realidade, nem sempre é. Existem descrições que englobam mais do que um prédio. No entanto, como se concluiu (conclusão 3ª do Tema IV) no citado "1º Encontro Nacional de Conservadores do Registo Predial "a descrição, como meio técnico de identificação do prédio (artº 79º, nº 1, do C.R.P.) postula a seguinte relação de equivalências: a) Cada descrição deve ajustar-se a um e um só prédio no terreno; b) A cada prédio deve corresponder uma e uma só descrição" (*in*, cit. Regesta nº 62, p. 129/P).

No tocante aos prédios urbanos parece-me que o conceito civil se acha bastante desajustado da realidade atual e, num passado colóquio sobre o direito de superfície[276], propus que se refletisse sobre o facto de o prédio urbano não ser apenas constituído por uma *superfície* do solo, mas também sobre uma *altura*, na qual se desenvolve a edificação. É, por isso, *tridimensional*[277]. Por outro lado, pode nem estar *implantado* num solo, como acontece com alguns «andares» sobre ruas ou praças públicas (apenas sustentados por colunas inseridas em praças públicas ou ligados a prédios laterais), e até nem sequer estar ainda construído, embora se destine à construção, como sucede com o "lote" dentro de um loteamento urbano. Consequentemente, não só a implantação no solo é irrelevante, como a circunstância de *já* estar edificado também o é. Importante é, sim, o ser *destinado* (destino, é claro, já legalmente admitido) *à construção*.

Para efeito da definição de prédio urbano, a *edificabilidade* é, pois, um *item* que para o conceito da natureza desse prédio pode dizer-se que equivale ao de *edificação concluída*, visto que o *elemento finalístico* é aqui determinante.

[276] Tratou-se da conferência com o título "Reflexões sobre o direito de superfície, a sua titulação e registo, os volumes e o conceito de prédio urbano", realizada no CIJE, na F.D.U.P. em 23/10/2008 e publicada na "Revista da Faculdade de Direito da Universidade do Porto",vol. VI, 2009, pp. 211-232.

[277] E esta dimensão não é indiferente: por ex. duas lojas em p.h., ambas com a mesma área, mas uma tem a altura de 3m e a outra a de 6m. Será que têm o mesmo valor? É manifesto que não. Por outro lado, deve notar-se que a 'tridimensionalidade' por vezes não é visível, porque a obra não está 'concluída'. A tridimensionalidade existe 'em potência', como na vulgar situação de para determinado terreno ter sido aprovada uma construção com certa volumetria, mas a edificação ainda não estar concluída ou nem sequer foi iniciada. Todavia, o prédio já é urbano. Por outro lado, a volumetria' pode ser alterada, mas aquele conceito permanece o mesmo.

Apresentei, então, esta proposta de definição: "prédio urbano *é o constituído por uma determinada volumetria*[278]*edificada ou edificável*[279] *que possa ser objeto de relações jurídicas*". Verifiquei depois que esta tentativa de definição estava incompleta. Assim, a seguir à palavra 'edificável', pensei que se devia aditar a expressão "*e terreno afeto*"[280] e ainda, no final, acrescentar: '*e que tenha autonomia física e jurídica*'[281].

[278] Note-se que a *edificação* – cujo significado tem também um conteúdo *arquitetónico* – é sempre um "volume" e não uma superfície. Refira-se ainda que já há bastantes anos foi igualmente estudada em França a possibilidade da aquisição da propriedade (plena e não apenas superficiária) de 'espaços' ou 'volumes 'edificados *com autonomia* em relação ao solo. Foram soluções concebidas pela jurisprudência e pelo notariado franceses (cf. «Juris Classeur-édition notariale», – 1976, chronique nº 2788). Parece, todavia, que o Autor que primeiro abordou esta questão foi RENÉ SAVATIER, no artigo «Vers de nouveaux aspects de la conception et classification juridique dês biens corporeles» (*in* «Revue trimestrielle de droit civil»,1958, p.1 e ss.), depois desenvolvido em «La proprieté de l'espace», (*in, Chroniques D.S.*, 1965, p.. 213 e ss.) e em «La propriété des volumes dans l'espace et la techique juridique dês grands ensembles immobiliers» (*in Chroniques D.S.*,1976, p. 103 e ss.). Mais recentemente o tema foi comentado por SYLVIO NORMAND *in* "Mélanges offerts au professeur François Frenette. Études portant sur le droit patrimonial". Canadá: Québec: Presses de l'Université Laval , 2006, sobretudo p. 270 e nota (64). Também em Itália o tema vem tratado em *Digesto delle Discipline Privatistiche – Sezione Civile*, 4ª ed., XIX, *Utet Giuridica*, na entrada "Superfície" no ponto 12 "Superfície e cessione di volumetria o cubatura edificatória", sobretudo p. 220. VIEGAS LIMA também na sua tese defendeu a disposição do "volume de edificação como forma de agilizar o tráfego jurídico (...)" (cf. *O Direito de Superfície como Instrumento de Planificação Urbana*, Rio de Janeiro: Editora Renovar, 2005, p. 223 e nota 523).

[279] Diz-se "edificável", porquanto, como se referiu, a edificação pode ainda não estar feita, mas a *finalidade* já existir e bem assim a faculdade de construir certa volumetria no terreno (v.g. no 'lote') também já ter sido legalmente atribuída.

[280] Na definição do artº 204º/2 do C.C. depois da expressão "edifício incorporado no solo" acrescenta-se "com os terrenos que lhe sirvam de logradouro". Todavia, como é sabido, esta locução tem sido objeto de múltiplas dúvidas e tem dado lugar a diversas decisões e pareceres. Embora se julgue que é hoje, em geral, entendido que "logradouro" também quer dizer pátio, quintal, jardim (e termos semelhantes), pensamos, no entanto, que é mais claro e simples aludir tão-só a *terreno afeto* [ao uso do prédio], visto que, assim, se englobam todas aquelas realidades e expressões num só conceito amplo e, ao que pensamos, sem dar lugar a justificadas dúvidas.

[281] Parece que é necessário, mas não suficiente, dizer que tem autonomia física. Por ex., pode imaginar-se uma *edificação* qualquer (v.g. determinado equipamento construído num parque de diversões) que tenha autonomia física e, contudo, não tem autonomia *jurídica* que permita considerar que se trata de *um prédio*. Quanto à noção de "edificável", traduz o *elemento finalístico* de que falámos, e que confere ao prédio (civil, fiscal e registralmente) a natureza de urbano.

Ou seja: a definição que hoje se me afigura aceitável é esta: *prédio urbano é o constituído por uma determinada volumetria edificada ou edificável e terreno afeto, que possa ser objeto de relações jurídicas e que tenha autonomia física e jurídica.*

Ao apresentar o conceito de 'volumetria' pretendi expressar a sobredita tridimensionalidade em termos geométricos (superfície mais altura), mas igualmente em termos *arquitetónicos*, pois verifiquei que, neste sentido, tal conceito significa o conjunto das dimensões que determinam o 'volume da construção' – a qual irá ser, afinal, o ulterior e concreto prédio urbano. Ou seja: a expressão 'volumetria', referente à edificação, ainda que futura, afigurou-se-me razoavelmente precisa, tanto na linguagem comum como na técnico-arquitetónica, e ao mesmo tempo suficientemente lata para se poder entender o que significa e o que pode ser um qualquer prédio urbano.

2 – O prédio, que é o objeto da relação jurídica registral, se não estiver devidamente individualizado, daí decorre uma lamentável situação, quer porque o "princípio da especialidade"[282] pode não ser adequadamente observado, quer ainda por essa mesma relação jurídica ficar sujeita ao erro, o que obviamente prejudica a própria certeza e fidedignidade do Registo. A individualização e delimitação correta do prédio sobre o qual incidem os direitos, tornando-o inconfundível com qualquer outro, constitui, pois, uma *necessidade elementar* para que o Registo possa desempenhar bem a sua função e, em certos casos, pode até ser

[282] Em anterior trabalho refiro que "um princípio que resulta de diversas disposições do Código e não apenas de uma norma que claramente o estabeleça – mas que, todavia, se tem de considerar como um dos mais importantes – é o *princípio da especialidade*, que, consabidamente, é também um dos princípios dos Direitos Reais. Este princípio diz-nos que todos os elementos do registo (da relação registral) devem ser certos e determinados: os sujeitos, o objecto e os factos que se querem inscrever". Cito, entre outros, Roca Sastre (*in Derecho Hipotecário*, Tomo II, 5.ª ed. p.58) quando diz que o princípio se manifesta "em três aspectos relativos ao prédio descrito, ao direito inscrito e ao titular registral". (Cf: GUERREIRO, J. A. Mouteira: *Temas de Registos e de Notariado*. Coimbra: Almedina, 2010, p. 28).

condição da sua validade[283]. É que "a realidade primária num sistema registral é o prédio"[284].

Referimos que o Cadastro é que tem a incumbência, os meios e a capacidade técnica adequada para definir a composição e demarcação rigorosa dos prédios. Simplesmente, apesar de todas as proclamações e anúncios, a realidade é que em grande parte (talvez na maior parte) do País a finalização do procedimento cadastral continua por concretizar, assim como a prevista – e necessária – transmissão de dados ao Registo.

Entretanto, como o apuramento da efetiva conformidade da descrição registral do prédio com a realidade material é um dado manifestamente indispensável até para ser cumprido o princípio da legalidade, visto que na qualificação do pedido de registo se impõe especialmente a verificação da identidade do prédio, terão de ser os próprios serviços registras a efetuar essa averiguação, apenas com os dados documentais existentes, que são os que constam dos títulos e das declarações complementares dos interessados, De facto, os serviços não possuem meios para poder, *in loco*, verificar a individualidade e as características dos imóveis e se, correspondem, ou não, ao que consta dos documentos.

Havendo necessidade de uma precisa identificação registral dos prédios[285] e existindo também os atuais meios tecnológicos, conhecidos como "sistemas de projeção cartográfica", que permitem referenciar geograficamente por satélite e com precisão os locais, os prédios, as confrontações e os seus elementos descritivos, deveria ser perspetivada a sua introdução nas conservatórias, como meio descritivo adjuvante

[283] No trabalho anteriormente citado disse ainda: "*o prédio*, também tem de ser certo e determinado. Ao tratar da descrição do prédio, o Código indica (art.º 82.º) as menções gerais que cada uma deve ter. Note-se que pode acontecer (e frequentemente acontece) que alguma ou algumas delas possam estar desatualizadas, erradamente indicadas ou que aparentemente (...) pareçam referir-se a outro prédio. Contudo, como temos insistido, não pode haver dúvidas quanto à *identidade* do prédio, que necessariamente tem de ser *aquele* e não, eventualmente, qualquer outro. Aliás, se o registo tivesse sido feito ocasionando tal dúvida ou *incerteza* quanto à *identidade* do prédio, seria nulo: art.º 16.º, c) do CRPred. (Cf: citados *Temas...*, pp. 28/9).

[284] A frase é de DÍEZ-PICAZO/ ANTONIO GULLÓN (Cf: DÍEZ-PICAZO, Luís Maria e GULLÓN, Antonio, *Sistema de Derecho Civil*, vol. III. Madrid: Tecnos, 2004, p. 228).

[285] Foi entre nós o caso de . Jorge Seabra Magalhães que publicou o artigo "A Identidade Registral do Prédio", com o sugestivo subtítulo "Seriedade e rigor da descrição". (Cf. MAGALHÃES, Jorge Seabra em "Estudos de Registo Predial", Coimbra: *Almedina*,1986, pp. 61-80).

do Registo, sobretudo nas localidades em que o BUPi (ainda?) não funciona.

Como bem disse Virgílio Machado "em nosso entender, torna-se absolutamente necessário que a descrição predial seja aberta com base em suportes gráficos ou com base em elementos cartográficos que permitem a georreferenciação dos prédios e seus limites ou estremas, bem como a determinação correta das respetivas áreas. As bases gráficas dos prédios, na impossibilidade de serem fornecidas pelo Cadastro, podem ser as de quaisquer entidades que se encontram habilitadas para a execução do cadastro. O importante é que elas existam no registo predial"[286].

Mas enquanto tudo isto não for possível, no que respeita à abertura das descrições dos prédios e, sobretudo, à conservação ou à alteração das suas menções, não pode deixar de ser feita a qualificação do respetivo pedido, devendo o conservador verificar a conformidade da identificação do prédio. E se dúvidas subsistirem deve indeferir o pedido.

Consideramos que os instrumentos de georreferenciação, têm de funcionar em relação ao Registo como meios auxiliares e *complementares* da identidade do prédio, mesmo porque, como já se referiu, as modificações prediais resultam principalmente de ações *jurídicas* e não meramente fácticas. Note-se que a própria alteração dos aspetos físico-topográficos dos prédios, em regra, é também consequência de operações jurídicas.

De qualquer modo, a *definição* precisa dos prédios não tem que ser pedida, designadamente por utentes, advogados e tribunais, aos serviços registrais, como seria desejável que fosse. São *só* os cadastrais que estão – mas apenas nos concelhos em que estão – a tal habilitados. Aliás, como se disse, as presunções de verdade e de exatidão previstas no artº 7º *não se aplicam às descrições,* pelo que, mesmo à luz deste princípio, não se deve questionar a credibilidade do Registo – que é própria das *situações jurídicas* inscritas –, pelo facto de os prédios eventualmente

286 Cf: MACHADO, Virgílio Félix: Palestra proferida no dia 13 de novembro de 2015, na Universidade do Minho, no âmbito das Jornadas de Direito Registral e Notarial. Consultável em: https://www.direito.uminho.pt/pt/_layouts/15/uminho.portaisuoei.ui/pages/eventsdetail.aspx?id=18774)

não estarem cabalmente descritos. É que não se podem exigir informações sobre este tópico para o qual o Registo Predial não tem meios para as prestar. O que importa fundamentalmente é que o prédio seja *aquele* e, relativamente a essa identidade, como procuramos averiguar, raramente é questionada.

3 – Sem embargo do que se acaba de dizer, uma das novidades do Código consistiu na introdução do Capítulo III (com a epígrafe "Referências matriciais e toponímicas"), cuja Secção I trata em especial da "conjugação do registo, das matrizes prediais e dos títulos". É um tema que o legislador considerou, e bem, relevante para a própria qualificação do pedido de registo no que toca à *identidade de prédio*. Embora o Registo possa conter inexatidões no que respeita à perfeita composição dos prédios e isso não afete a prossecução dos seus fins, todavia não pode admitir que se abra a descrição (ou que se reporte a uma descrição já existente) de prédio *diferente* daquele que os títulos ou as matrizes mencionam.

Por isso, como diz o preâmbulo do Dec-Lei que aprovou o Código, uma das inovações consistiu no "relevo dado à realidade do prédio como suporte do registo, no que respeita à concordância entre os elementos da descrição e da matriz". Tais *elementos da descrição* que devem estar em conformidade com os títulos e com a matriz são apenas os *indispensáveis* para que possa ser comprovada a referida identidade de prédio. Assim, o legislador considerou fundamental que existisse harmonização "quanto à localização, à área e ao artigo da matriz" (artº 28º/1). Mas, quanto aos prédios urbanos e aos rústicos ainda não submetidos ao cadastro geométrico "a exigência de harmonização é limitada aos artigos matriciais e à área dos prédios" (artº 28º/2).

Porque não está no âmbito deste estudo pormenorizar estas questões, diremos apenas que, quanto às áreas dos prédios (sempre difíceis de determinar com precisão) o Código estabeleceu uma dispensa de harmonização quando a diferença não exceder determinadas – e pequenas – percentagens (artº 28º-A) e, se as percentagens forem superiores, a "atualização da descrição pode ser efetuada se o proprietário inscrito esclarecer que a divergência provém de simples erro de medição", o que tem de ser comprovado, nomeadamente com a "planta do prédio elaborada por técnico habilitado e declaração do titular de que não ocorreu alteração na configuração do prédio" e ainda, noutros casos, com a "planta do prédio e declaração dos confinantes (...)".

Estes preceitos foram aditados pelo Dec-Lei nº 116/2008 que, como diz o preâmbulo, nesta matéria teve em vista "uma simplificação significativa do processo de harmonização das descrições prediais com a matriz e os títulos", para "facilitar a conciliação dos elementos identificativos dos prédios" e também evitar "que muitos actos de registo sejam inviabilizados ou excessivamente prolongados".

Em síntese: apesar de não incumbir ao Registo a detalhada verificação de todos os elementos descritivos dos prédios, no entanto, a atual conjugação dos elementos descritivos com o Cadastro, as matrizes e os títulos foi uma medida que veio melhorar significativamente os meios para poder ser controlada a *identidade de prédio* que, como foi dito, é um dos pontos essenciais para o cumprimento dos princípios da especialidade e da legalidade.

CAPÍTULO VI
A CONCEÇÃO DO REGISTO COMO DECLARATIVO OU CONSTITUTIVO

1 – A distinção entre registo declarativo e constitutivo não tem tido um significado unívoco, tanto na jurisprudência como na doutrina, que frequentemente a associa a outros e diferentes tópicos[287], como o dos efeitos, o da oponibilidade, o das presunções, o do "valor do registo" e a demais temas, que, a meu ver, são bem diferentes.

Por isso, creio que é essencial que se perceba o que se quer dizer quando se fala em "registo declarativo" e em "registo constitutivo" e, talvez ainda mais simples e claro seja perceber primeiro o que é este último e depois referir o declarativo que, assim, pode ser entendido "por exclusão". Quanto a este, CATARINO NUNES, como a maioria dos autores, considera que, em relação às partes e seus herdeiros, os actos registáveis, mas não registados, são eficazes porque o registo "não intervém na sua constituição". É então um registo declarativo[288].

2 – Para melhor expor a opinião que considero mais acertada, vejamos em primeiro lugar o que se deve entender por "registo constitutivo".

Segundo a doutrina germânica – exatamente igual à que entre nós é dominante e tradicionalmente exposta – o Registo é constitutivo

[287] Por ex. MENEZES CORDEIRO parece ligar o conceito de *registo declarativo* – em antinomia com *registo constitutivo* – às presunções derivadas do registo (artº 7º), visto que diz: "Sabemos que o registo, na nossa ordem jurídica, tem normalmente *efeitos presuntivos*. Excepcionalmente tem *efeitos constitutivos* (hipoteca)". (Cf. CORDEIRO, A. MENEZES, cit. *Direitos Reais*, p. 282). OLIVEIRA ASCENSÃO considera *registo declarativo* o que "funciona como condição de oponibilidade" (artº 5º/1). (Cf. ASCENSÃO, JOSÉ DE OLIVEIRA, cit. *Direito Civil – Reais*, p. 346).

[288] Cf: NUNES, ALBERTO CATARINO: cit. *Código do Registo Predial.: Anotado*. p. 217.

quando o Direito só *nasce* no momento em que a inscrição registral é lavrada.

Contudo, creio que este conceito deve ser repensado. Devemo-nos recordar de que, apesar do reconhecido mérito e profundidade da doutrina alemã, a realidade é que foi concebida e estruturada de harmonia com o próprio ordenamento jurídico (e registral) dos países ditos germânicos, designadamente da Alemanha, o qual é, consabidamente, muito diferente do que vigora nos latinos, como é o caso do português.

O sistema alemão é apresentado por credíveis autores - caso de Garcia Garcia, que passo a citar - como tipicamente de inscrição constitutiva, uma vez que "para a transmissão, modificação e extinção de direitos reais imobiliários *é elemento necessário e fundamental a inscrição no Registo* (o "Eintragung")"[289]. Ou seja: o Direito Real *só nasce com a inscrição no Registo.* Se este não for feito o Direito que exista pode apenas ter natureza obrigacional.

É por isso que para alguns autores que têm esta conceção germânica - como é o caso de Maria Isabel Menéres Campos -, nem sequer a inscrição de hipoteca legal consideram constitutiva, mas apenas uma "condição de eficácia" da mesma[290].

Também Heinrich Hörster manifestou a opinião de que tão-pouco o *registo de casamento* se deve considerar constitutivo[291]. E não deixamos de reconhecer que no sentido da criação do acto, "que nasceu" ("das war geboren"), a verdade é que o intrínseco elo nupcial realmente

[289] Cf. GARCIA GARCIA, Jose Manuel: cit. *Derecho Inmobilirio Registral o Hipotecario.* Madrid: Editorial Civitas, 1988. Vol. I., p. 382.

[290] Coerentemente com esta conceção, Maria Isabel H .Menéres Campos, entende - tal como Heinrich Hörster e na esteira do ensino deste Professor - que, mesmo na hipoteca, o registo não á constitutivo, mas apenas uma "condição de eficácia" da mesma. (Cf. CAMPOS, Maria Isabel Helbling Menéres, *Da Hipoteca.* Coimbra: Almedina, 2003, sobretudo pp. 184-189).

[291] Em jornadas realizadas na Universidade do Minho, Heinrich Hörster manifestou esse ponto de vista. É claro que nesse sentido extremo (sem aludir ao ponto de vista "moral") o casamento *nasce* com o "sim" dos cônjuges, ou seja, passa a existir através da vontade de casar e da sua manifestação e não pelo assento de casamento. No entanto, temos também de ver que o ato é *ininvocável* pelos próprios nubentes (e neste sentido *não tem existência* no meio social) se não tiver sido lavrado o *assento de casamento.* Por isso, em tal caso, esses nubentes são, *para qualquer fim* havidos como *solteiros* (atento o disposto no artº 2º do Cód. do Reg. Civil). O mesmo acontece com o casamento urgente que não foi homologado e transcrito (artºs 159º/5 e 160º do mesmo Código). *Não há casamento* Daí que me pareça desligado da realidade (e até *fictício*) considerar que este registo não é constitutivo.

nasceu logo com o *sim* dos nubentes e não com a feitura do registo. No entanto, sem este, ou seja, sem ter sido lavrado o assento de casamento, tais nubentes, para *quaisquer* efeitos, inclusivamente públicos, à luz do nosso sistema jurídico, *não são havidos como casados.*

Em suma: creio que o entendimento sobre o que se tem de se considerar "registo constitutivo" não deve ser *exatamente igual* ao germânico, mas sim ao que melhor se pode compatibilizar com o direito substantivo de raiz latina. Por isso, no caso do nosso Registo Predial penso que registo constitutivo é o que *constitui um suporte essencial,* que se mostra *indispensável* não para o nascimento como no sistema germânico, mas sim para a *invocabilidade* ou para a *exequibilidade* do Direito[292]. Deste modo, uma vez que ele não se pode efetivar se o facto não tiver sido registado, na prática, não tem valia ou existência, já que *nem existe ao serviço daqueles mesmos que o possuem.*

Reportando-nos ao artº 4º, nº 1, julgo que o não ser "invocável entre as próprias partes ou seus herdeiros" significa exatamente isto que acabo de defender: a lei não se refere ao *nascimento* do Direito, mas sim à sua *existência* no sentido de poder ser invocável ou exequível. Embora admitindo que o preceito possa ter outra interpretação[293], no entanto, ao que me parece, é este o sentido em que deve ser entendido e o que ocorre em vários casos, como, face ao disposto no artº 62º, nº 1 do Código do Notariado, no da transmissão de frações autónomas de uma propriedade horizontal depois do dia da sua constituição. Outro tanto acontece com o loteamento urbano. É o alvará de loteamento que *permite* a constituição de lotes como prédios distintos: nascem aí jurídico-administrativamente individualizados. Todavia, se o alvará não for registado, também

[292] No ponto de vista que sustento, considero que, mesmo etimologicamente – e relevando-se-me esta incursão na filologia – a expressão "constitutivo" provém do verbo "constituir" e do latim "constituere" que não se refere ao nascimento ou ao facto de *criar.* O significado destas palavras corresponde aos étimos latinos "ortus" "nasci" e "creare". No entanto, constituir significa mais precisamente dar uma estrutura, organizar, reunir e ordenar partes para formar um todo.

[293] Esta imprecisão dos artºs 4º e 5º do Código, que tem motivado desnessárias polémicas, creio que já devia ter sido resolvida pelo legislador, ainda que, como é sabido, em relação ao texto de qualquer disposição, exista sempre a possibilidade de várias interpretações. UMBERTO ECO diz mesmo que "os mecanismos semióticos (...) permitem e impõem a pluralidade das interpretações de qualquer mensagem". E considerou ainda que *nunca* existe "um significado único e pré-existente" (*vide*: ECO, UMBERTO, *Os limites da interpretação,* Lisboa: Difel, 1995, p. 142)

não podem ser abertas as descrições dos lotes (artº 80º/3 do CRPred.) e, sem tais descrições, os lotes não existem enquanto tais para poderem ser alienados ou onerados como prédios autónomos. Nestas (e noutras) hipóteses, diremos que a constitutividade do registo está relacionada com a *possibilidade de exercício do Direito* e não só com o seu *nascimento*, em conformidade com o conceito germânico.

Deste modo, julgo que registo constitutivo é o que se configura como *condição indispensável para que o Direito exista ou possa ser invocável e exequível.*

3 – Com base na velha interpretação (germanófila) do artº 4º, nº 1, contrária à que acabo de expor, uma das afirmações vulgarmente enunciadas a respeito do Registo Predial, quiçá com o intuito de desvalorizar os seus efeitos, é referi-lo como *meramente declarativo.* Ora – além da expressão *meramente*[294] ser neste caso pleonástica e *inverídica*, atenta própria existência do nº 2, a realidade é que não o é. E isto por diversas razões que vamos procurar sintetizar.

Diz-se que o registo é declarativo, principalmente devido à própria formulação desse artigo 4º, que tem a epígrafe "eficácia entre as partes" e uma redação – aliás semelhante à dos códigos anteriores – prevendo no nº 1 o que aparentemente é uma regra e no nº 2 *uma exceção*, visto que, face do disposto no nº1, os factos sujeitos a registo, ainda que não registados, podem ser invocados entre as partes ou seus herdeiros, e ao nº 2, que afirma: "excetuam-se os factos constitutivos de hipoteca...".

A expressão "excetuam-se" tem sido sempre interpretada no sentido de significar que o preceito contém uma *norma excecional.* No entanto, essa interpretação afigura-se-me totalmente inexata, sobretudo por três razões:

a) – em primeiro lugar, a norma excecional é, como disse Batista Machado, a que representa um *jus singulare* oposto ao "regime-regra"[295]. E em outros conceituados autores, assim como em decisões

[294] Julgo que só se pretende apoucar o Registo Predial. Parece-me oportuno citar Huxley quando diz: "levado a sentir desprezível aquele «mero» gratuito, o tímido leitor levanta os braços e rende-se". (Cf: HUXLEY, Aldous: Sobre a Democracia e outros estudos. Lisboa, Edição Livros do Brasil, s/d, p. 145).

[295] Cf: MACHADO, João Baptista: cit. *Introdução ao Direito e ao Discurso Legitimador.* p. 94.

da jurisprudência, lemos sensivelmente o mesmo. Também o Conselho Consultivo da Procuradoria Geral da República, designadamente no parecer de 5 de Dezembro de 1991, citando José Tavares, declara que "o preceito da lei excepcional é o *oposto* ou *contrário* ao da lei geral"[296].

Ora, para o Registo Predial, a inscrição da hipoteca *nunca deve ser considerada contrária, atípica, excecional ou oposta à lei geral.* Ao invés, o seu registo faz parte da *regra geral* de qualquer conservatória. Acresce – e deve recordar-se – que o moderno Registo Predial nasceu precisamente para que se registassem as hipotecas sobre prédios determinados e não "gerais". Também as leis codificadas que regulamentaram o Registo chamaram-se, tal como em Espanha, *leis hipotecárias* e ainda hoje nesse e noutros países, o Direito respeitante ao Registo Predial é denominado "Direito Hipotecário".

Acresce que os demais registos, incluindo o de propriedade, só passaram a ser feitos *anos depois de já há algum tempo serem registadas as hipotecas* e utilizando-se exatamente a mesma técnica.

Consequentemente, ao contrário do que se tem defendido, penso que bastaria esta primeira razão para que não devêssemos interpretar a expressão *excetuam-se* referida no nº 2 do artº 4º no seu sentido técnico--jurídico definido no artº 11º do Código Civil.

b) – Uma segunda razão consiste nisto: mesmo falando-se de "registo constitutivo" em sentido germânico, tal como o conceito tem sido interpretado, verifica-se que o sistema registral português é indubitavelmente constitutivo em diversas situações que não apenas nas de hipoteca, mormente na da hipoteca legal. É o que acontece quando o direito *não nasceu* se o registo não for feito, como na hipótese de alguns ónus, caso do condicionamento da construção, ou do não fracionamento (referidos no artº 6º/7 da Lei do Loteamento: Dec.-Lei nº 555/99, com a última versão dada pela Lei nº 118/2019, de 17/9), do da renúncia à indemnização previsto na al. t) do artº 2º/1 do CRPred, na titularidade das frações temporais do Direito Real de Habitação Periódica, na promessa de alienação ou oneração com eficácia real (que não existe sem a "inscrição no registo": artº 413º/1, *n fine* do C,C,) e a atinente

[296] Cf. Parecer da PGR nº 78/91 *in* Diário da República nº 111 de14-05-1992, II série, pp. 4286 e ss.

"cessão da posição contratual", os pactos de preferência e a disposição testamentária de preferência com eficácia real (artº 421º/1 do C.C.). Enfim, nestas e em várias outras hipóteses mencionadas na lei, por exemplo nas inscrições de determinadas "operações de transformação fundiária" – para nem sequer referir o caso do registo da penhora, visto que já suscitou alguma polémica, ainda que depois do que refere o Acórdão do STJ de 12 de Janeiro de 2012 (Silva Gonçalves)[297] parece ser difícil demonstrar que o registo não é constitutivo – de facto, o acto *só nasce* quando é lavrada a inscrição no Registo Predial e não com a *comunicação eletrónica* que pode não ser recebida nem apresentada.

Em suma: *há bastantes registos*, além dos que citamos e dos de hipoteca, que mesmo segundo a conceção habitualmente adotada, são *constitutivos*, pelo que aquela norma do artº4º/2 nunca podia configurar uma hipótese excecional, no sentido técnico-jurídico.

c) – O terceiro motivo respeita ao significado das expressões registo *constitutivo* e *declarativo* habitualmente defendidos e cujo sentido, de harmonia com o exposto, não se afigura adequado defender em ordenamentos jurídicos latinos, como é o português. Se o Direito *não tem existência* (nem pode ser invocado, nem executado) se o correspondente facto não for registado, esse registo não é constitutivo? Deve continuar a considerar-se declarativo?

Julgo que a resposta é óbvia.

4 – Em face do que se referiu, vemos que não só porque o registo da hipoteca é essencial (correspondendo a uma regra), como porque além dele temos bastantes outros registos *nitidamente constitutivos*, como ainda porque há diversos casos em que sem a correspondente inscrição o Direito não é invocável nem exequível, teremos de concluir que o sistema registral português não pode ser considerado *apenas* "declarativo". Também reconheço que não é típica ou unicamente constitutivo.

De modo esquemático, pelas sobreditas razões, tenho procurado defender a ideia de que o nosso sistema é complexo, podendo dizer-se

[297] O Acórdão é consultável, em www.dgsi.pt/.

semi-constitutivo ou *semi-declarativo*, visto que nuns casos é manifestamente declarativo, mas noutros – que, como se comprova, não constituem exceção alguma – é claramente constitutivo.

5 – Por último, gostaria de acentuar que o facto de um registo ter efeito declarativo ou constitutivo não tem a valia e a importância que habitualmente lhe é dada, inclusivamente pela jurisprudência. De facto, há sistemas considerados declarativos que são dos mais completos e fiáveis, e como tal internacionalmente reconhecidos (caso do espanhol), e outros que são constitutivos (como alguns da América latina) que estão longe de ter alcançado essa credibilidade. Verifica-se, pois, como bem diz Mónica Jardim, alicerçando a sua afirmação com exemplos concretos, que os importantes efeitos do registo como (cito) "o princípio da fé pública registal ou a forte tutela concedida aos terceiros não depende, por qualquer forma, do facto de ser reconhecida ao registo uma função constitutiva (...)"[298].

Na verdade, também considero que o relevo que tradicionalmente é dado ao "registo constitutivo" *versus* "registo declarativo" não tem alcance valorativo. Importante é, sim, que se trate de um fiável e verdadeiro "registo de direitos", dotado de "fé pública".

[298] (Cf. JARDIM, Mónica Vanderleia Alves de Sousa: *Efeitos Substantivos do Registo Predial – Terceiros para Efeitos de Registo*, Almedina, 2013, pp. 889-890).

CAPÍTULO VII
O REGISTO PREDIAL PORTUGUÊS COMO UM "REGISTO DE DIREITOS"

1 – O nosso registo imobiliário é presentemente reconhecido como um registo *de direitos,*[299] credível e facilmente cognoscível por todos, o que cumpre realçar, dada a manifesta evolução do comércio jurídico imobiliário, muito dele presentemente processado *online,* o que, para o seu desenvolvimento e segurança, *torna indispensável* um registo de direitos público, confiável e informatizado. E *o nosso é-o,* devendo salientar-se que:

– Torna os Direitos cognoscíveis com a garantia de que os factos registados foram devidamente *titulados* (artº 43º/1 do C.Reg.Pred.) sendo os pertinentes documentos *válidos formal* e *substantivamente,* designadamente por não conterem vícios e fazerem *prova plena* desses factos (artº 68º do C.Reg.Pred.);

– Foi comprovado que os sujeitos ativos e passivos dos atos e dos negócios jurídicos inscritos possuíam a *capacidade* e a *legitimidade* necessárias para terem podido celebrar tais atos e negócios, visto que essa verificação foi pormenorizadamente analisada pelo jurista legalmente habilitado para tanto (o conservador ou "registador") quando *qualificou o pedido* e o admitiu a Registo (artº 68º do C.Reg.Pred.)[300].

[299] Foi internacionalmente reconhecido como "registo de direitos", primeiro na Assembleia Geral da ELRA (European Land Registry Association) realizada em Lisboa em 26/27 de maio de 2013 e um ano depois,em 28 de outubro de 2014 (Cf: https://www.elra.eu/) e na Assembleia do IPRA-CINDER (Centro Internacional de Direito Registral) realizada em Santiago do Chile em 28 de outubro de 2014 (Cf: http://ipra-cinder.info/en/).

[300] O princípio da legalidade, que requer a *qualificação* do pedido de registo, é entre nós habitualmente referido em lições de Direitos Reais, mas em Espanha (onde o princípio tem um âmbito idêntico ao constante do supracitado artº 68º) há anos que é objeto de inúmeros estudos, livros, artigos e diversas monografias que o abordam pormenorizadamente. Todavia, não sendo

– Além disso, o acto só pôde ter sido registado porque foi verificada a existência de um *nexo causal* bastante, à face do que atestam os títulos e do que a lei consente, para que o Direito do transmitente pudesse ter sido alienado ao adquirente e porque foi possível inscrever, até originariamente se for o caso, o seu Direito e, tratando-se de encargo, porque o bem está inscrito a favor de quem o onera, ou porque tal oneração se processa contra ele.

Com efeito, os princípios do trato sucessivo (artº 34º do C.Reg.Pred.)[301] e da legitimação dispositiva (artº 9º do C.Reg.Pred. e 54º/2 do C.Not.) a tanto obrigam. Assim, a verificação fez-se rigorosamente em dois momentos distintos: *no da titulação* (pela legitimação dispositiva[302]) e ulteriormente *no do Registo* (através do trato sucessivo), o que é necessário, até porque entre aquela e este *podia ter sido inscrito qualquer outro facto* que, dados os princípios substantivos e registrais, obstasse a que pudesse depois ser lavrado o registo definitivo do mencionado acto.

pertinente mencionar aqui os autores que têm tratado o tema, limitar-me-ei a, por todos, referir o que escreveu Gomés Gálligo: " Qualificar, em Direito hipotecário ou registral, é determinar se o acto ou contrato (título tanto em sentido formal como em sentido material), apresentado ao Registo da Propriedade, reúne ou não os requisitos exigidos pelo ordenamento jurídico para a sua validade e para a sua eficácia frente a terceiros, com a finalidade de que só tenham acesso, e portanto a proteção do sistema, os títulos válidos e perfeitos" (Cf. GOMÉS GÁLLIGO, Javier, *La Calificación Registral (Epílogo)*, Editorial: Thomson Civitas, 2008, p. 9). Por conseguinte, devemos concluir, com Menezes Cordeiro, que "o conservador não regista mecanicamente os actos que lhe sejam apresentados para registo, antes devendo assegurar-se de que são válidos nos seus diversos aspectos" (Cf, CORDEIRO, António Menezes, cit. *Direitos Reais*, p. 271). Oliveira Ascensão refere que o conservador *"aparece-nos como um guardião da legalidade"*, embora considere que tal pode causar entraves à circulação dos imóveis [o que hoje em dia não é verdade] (Cf. ASCENSÃO, José de Oliveira, cit. *Direito Civil, Reais*, pp. 337-339). No entanto, Carvalho Fernandes lembra (a nosso ver, muito bem) que tais entraves "podem, em contrapartida, evitar futuros litígios e, afinal, maiores delongas, além de afastar a incerteza no tráfico jurídico" (Cf. FERNANDES Luis A. Carvalho, cit. *Lições de Direitos Reais*, p.120).

[301] É por isso que, mesmo quando o título é a decisão judicial transitada, o incumprimento do trato sucessivo (nomeadamente face à própria "extensão do caso julgado") pode impedir o registo definitivo. Com efeito, se C, pede o registo a seu favor quando o titular inscrito é A e a decisão apenas indica que se julgou provado que B transmitiu a C, enquanto não for também comprovado que, por seu turno, B adquiriu de A, tal registo definitivo não pode ser feito.

[302] Já nos temos referido à importância deste princípio. Com efeito, como diz Rui Pinto Duarte, "a transmissão e a constituição de direitos sobre prédios registados depende de estar efetuada a inscrição registral a favor do alienante. Por isso se pode dizer que o registo predial tem, em geral, um efeito de legitimação"(Cf: DUARTE, Rui Pinto, cit. *Curso*, 3ª ed. p. 165).

– Quanto à *proteção de terceiros*, sendo uma complexa questão que aqui é inviável pormenorizar, dir-se-á apenas que o denominado conceito restrito de terceiro a que alude o – *desastradamente* introduzido[303] – nº 4 do artº 5º do Código, não permite retirar o *alcance geral* da norma básica do nº 1 do mesmo artº 5º, como, aliás resulta do carácter *meramente interpretativo* daquele nº 4[304]. Deste modo, os terceiros que confiaram no Registo estão protegidos, como também – ou principalmente – decorre dos *demais princípios* acolhidos pelo nosso sistema e outrossim da atual redação do artº 1º.

– No que diz respeito à *prioridade*, é rigorosamente observada, incluindo, quanto aos atos lavrados provisoriamente por dúvidas que, se convertidos em definitivo dentro dos prazos legais, conservam a prioridade que tinham como provisórios e, relativamente aos indevidamente recusados, o registo feito na sequência de recurso julgado procedente conserva a prioridade correspondente à apresentação do ato recusado. Consequentemente, trata-se de um princípio que salvaguarda plenamente a eficácia do acto previamente registado.

– Os registos estão permanentemente atualizados, pois a tanto conduz o princípio da obrigatoriedade de registar (artº 8º/1).

– A íntegra *verdade do contrato* é cabalmente respeitada, dada a consagração legal do princípio da inscrição oficiosa e simultânea (artº 97º/1).

303 A expressão é de CARVALHO FERNANDES (cit. *Lições de Direitos Reais*, p.137). Na pág. seguinte o Autor alude à certeira crítica de MENEZES CORDEIRO a este aditamento (*in Sumários* p. 92) dizendo, a dado passo, que «ficaremos com o registo predial mais arcaico da Europa». Felizmente isso não veio a acontecer, não apenas pelas ulteriores acertadas interpretações que justificaram a atenuação do possível efeito negativo daquele nº 4, como pela reforma levada a cabo pelo citado Dec-Lei nº 116/2008.

304 É esta a leitura que julgamos correta e a posição da própria jurisprudência que se nos afigura pacífica. A mero título de exemplo, pode ver-se o Acórdão do STJ de 18 de Dezembro de 2003 (SANTOS BERNARDINO) onde, quase na parte final se diz: "Parece, assim, irrecusável a consideração deste n.º 4 como uma norma interpretativa" e ainda e na 3ª conclusão (sobre o mesmo nº 4) onde se firmou o seguinte: "O aludido preceito tem, pois, a natureza de norma interpretativa". (Acessível *em* www.dgsi.pt/jstj.nsf/.../ acde7e50a80f86d180256e3800600464?OpenDocument *e* www.dgsi.pt/jstj.nsf). Penso que é o juiz que tem de ponderar se a justiça do caso concreto impõe que prevaleça o nº 1 do artº 5º e que então se perfilhe o conceito amplo de terceiro.

1.1 – Um outro tópico – que muitos autores consideram o mais relevante por ser o *que permite caracterizar a existência de um "registo de direitos* – é o que estipula que as inscrições registrais conferem as presunções legais de *verdade* e de *exatidão*, de harmonia com o prescrito no artº 7º do Código. Ao que temos entendido, a disposição não contempla unicamente a *presunção de verdade*, mas também a *presunção de exatidão*, como é dito na parte final do preceito: "nos precisos termos em que o registo o define"[305]. Ou seja: este artigo exprime na sua primeira parte ("o registo definitivo constitui presunção de que o direito existe e pertence ao titular inscrito") uma *presunção de verdade*, mas na última consagra um outro princípio, também designado como de "legitimação registral" que é o da *presunção de exatidão*[306]. E tais presunções (de verdade e de exatidão) não são apenas as referentes aos factos que foram titulados e como constam dos títulos, mas sim as decorrentes dos *direitos inscritos* e *como ficaram tabularmente consignados*, até porque os títulos foram qualificados.

É sabido que se inscrevem factos, mas publicitam-se *direitos*. Com efeito, deve sublinhar-se que no sistema registral português não se tornam cognoscíveis *títulos*, mas sim *titularidades*. Também por isso dissemos que em nossa opinião é um *registo de direitos* e não de *documentos*. Este princípio presuntivo de legitimação registral (que não deve confundir-se com o da "legitimação dispositiva" previsto no artº 9º do C.R.P.) é um dos que, como bem se disse, "tornam manifesta a eficácia substantiva

[305] Temos sempre referido estes dois princípios (*vide*, por ex. GUERREIRO, J. A. MOUTEIRA, *in* cit. *Temas*, pp. 40/41. No citado *CRPred. Anotado* de ISABEL QUELHAS GERALDES também se diz, a pág. 115, que o artº 7º engloba no primeiro segmento a presunção de verdade e a presunção de exatidão no último segmento.

[306] Esta é a designação dada pelos autores espanhóis – *vide*, entre outros, PAU PÉDRON, *op.cit.*,pág. 188, GARCIA GARCIA, *op.cit.*, pp. 673-677e MANZANO SOLANO e MANZANO FERNÁDEZ *op.cit.*, pp.583-585 e previsto no artº 38º da L.H. – embora entre nós, antes do atual Código fosse apenas denominado *princípio da legitimação*. Por exemplo CATARINO NUNES diz (referindo-se ao Código de 67 que continha idêntica disposição) que o preceito "estabelece o chamado *princípio da legitimação*" (*op. cit.* pág. 222) e GAMA VIEIRA refere (quanto ao Código de 59) que no "artigo consigna-se o *princípio da legitimação*" (cit."Código do Registo Predial, Anotações", p. 46). Como, porém, o atual Código veio contemplar, no artº 9º, a "legitimação dispositiva", presentemente ao falar-se do que o artº 7º prevê, para evitar equívocos com a *dispositiva*, como se diz no texto, parece-nos que não se deve dizer apenas "legitimação", mas, mais inequivocamente, "legitimação registral".

da publicidade registral"[307]. Trata-se, portanto, de dois princípios *essenciais*, «aglutinados» num único princípio e num só preceito legal.

É um princípio geral, que *não pode legalmente ser posto em causa* – mormente em função da espécie de título que serviu de base ao registo[308 309] –, ainda que, em certos casos, como no da nulidade do registo, possa ser ilidido. Com efeito, trata-se de uma presunção que não é, em qualquer caso (como disse Vaz Serra, só em certos casos e mediante determinados meios de prova), nem também facilmente ilidível [310].

307 Cf. Manzano Solano e Manzano Fernádez, *op. cit.*,p.583. Estes Autores explicam que os princípios ou respeitam a "regras ordenadoras do procedimento registral" (princípios formais) ou "regulam a eficácia ou alcance jurídico dos assentos" (princípios substantivos), como os da legitimação registral da fé pública [de que já falamos] e da prioridade substantiva (*idem*, p. 583).

308 Como decidiu o STJ no Acórdão Uniformizador nº 1/2017 (Vieira Gomes) – *in* Diário da República n.º 38/2017, Série I, de 2017-02-22 – o artº 7º "contém uma presunção de verdade e uma presunção de exatidão". E diz ainda: "Ora esta presunção – ou presunções – não pode(m) depender, quanto a nós, da validade substantiva dos negócios que aparecem inscritos em um trato sucessivo (...), criando uma aparência em que terceiros podem confiar. As presunções que resultam do registo não podem depender na sua existência de circunstâncias a que os terceiros, normalmente, não têm qualquer acesso (,,,) [pois].como ensina Menezes Cordeiro, a presunção começa por operar, mesmo que haja invalidades, tanto registais, como substantivas".

309 Para nós não é, por isso, *compreensível* (a não ser pelo infelizmente 'habitual' menosprezo a que têm sido votados os princípios do Registo Predial) que o STJ, no Acórdão de Uniformização de Jurisprudência n.º 1/2008 (in D.R. 1.ª série, n.º 63, de 31/3/ 2008, pp1871-1879), tenha decidido, face a um determinado tipo de documento que baseou o registo – escritura de justificação fundada na usucapião –, que os interessados devem fazer prova do seu direito, "sem poderem beneficiar da presunção do registo decorrente do art. 7 do CRP". De resto, este Acórdão foi criticamente comentado pela doutrina, designadamente por Mónica Jardim no estudo "A Evolução Histórica da Justificação de Direitos de Particulares para Fins do Registo Predial e a Figura da Justificação na Actualidade" em que, na parte final – citando um voto de vencido (João Camilo) nesse mesmo sentido –, considera que "o entendimento perfilhado pelo acórdão de uniformização de jurisprudência "viola o disposto no nº 3 do art. 9º do Cód. Civil" ; e também por José Alberto Vieira que fundamentadamente discorda daquela decisão uniformizadora de jurisprudência. (Cf.: "Registo de usucapião titulada por escritura de justificação notarial e presunção de titularidade do direito" *in* C.D.P. nº 24, p. 21)

310 Porque a elisão *só é possível* em determinados casos em que a lei a admite. Por isso, também se considera que se aproximam das *júris et de jure* (cf, Vaz Serra, cit. *infra*). Como já se referiu, são apontadas como possíveis apenas cinco hipóteses: "1 – Nulidade, falsidade ou erro do assento; 2 – Nulidade, falsidade ou defeito do título; 3 – Falta de conformidade da inscrição com o título (...) no seu conteúdo real; 4 – Existência de títulos posteriores que tiverem alterado o que baseou o registo; 5 – Extinção do direito inscrito. (Estes pontos são os referidos Sanz Fernández: *apud* Lacruz Berdejo e Sancho Rebullida, *cit. Derecho Inmobiliario Registral*, p. 145). A propósito da presunção de exatidão, Sanz Fernández fala ainda das "consequências substantivas do princípio", visto que a legitimação "permite produzir provisionalmente, enquanto subsista, todos os efeitos próprios do direito inscrito". (Cf. *op. cit.*,pp. 313-315 e quanto à citada frase de Vaz Serra é dita em *Provas* no Boletim do Ministério da Justiça nº 110, p. 181)

Enquanto não for comprovado e *judicialmente decidido*[311]o contrário, tem de se considerar que a verdade que afirma *é coincidente com a verdade material*. É também por isso que a decisão judicial que considere inválido o facto registado deve ter como consequência tabular o próprio cancelamento do registo: é o que traduz o comando legal constante do artigo 8º[312], que assim *complementa* o princípio da "legitimação registral" constante do artigo 7º[313], norma que estabelece a aludida presunção *tantum iuris* a favor do titular inscrito mas que, em certos casos, poderá ser *iuris et de iure* a favor de terceiro.[314] Ou seja, como pertinentemente se notou, nuns casos a presunção é de uma espécie e noutros da outra[315].

[311] Num âmbito judicial, entenda-se. Não é portanto um particular, qualquer interessado, um terceiro, ou mesmo uma 'entidade administrativa', que pode *admitir o contrário*. Para que fique ilidido o conteúdo de determinado assento registral torna-se necessária uma *decisão judicial* transitada em julgado em que, no processo respetivo, seja apreciada a questão e ordenado o cancelamento do registo.

[312] Quanto ao artigo 8º a *ratio* da disposição mantém-se, apesar da correta revogação do nº 2 (visto que ao registo não cabe interferir no andamento do processo civil). O que o preceito tinha em vista era que *não pudesse* subsistir um registo a publicar uma situação jurídica *diferente* e *contraditória* com aquela que viesse a ser judicialmente considerada a verdadeira. Por isso, como disse o STJ (Ac. de 4/7/1972 (Arala Chaves) *in* BMJ nº 219, p. 196), esta disposição visava "condicionar" a impugnabilidade dos factos tabularmente comprovados "ao simultâneo pedido de cancelamento do registo". Ora, com a atual redação, a lei veio estabelecer a *presunção* (que a meu ver é inilidível) de que, ao impugnar os factos comprovados pelo registo, o pedido de cancelamento *também ficou feito* (tacitamente).

[313] Cossio y Corral diz (referindo idêntica opinião de Jerónimo Gonzàlez) que, embora a inscrição não tenha a força do caso julgado, no entanto "produz enquanto não seja anulada os seus particulares efeitos. Para impugnar o direito base da inscrição, *deve atacar-se o próprio assento* e assegurar deste modo o paralelismo entre Registo e realidade jurídica". (cf. Cossio y Corral, Alfonso de: "*Instituciones de Derecho Hipotecario*, 2ª ed. Barcelona: Bosch, Casa Editorial,1956, p. 174, mas itálico nosso).

[314] Será o caso da designada *fé pública registral* – quando se podem produzir *efeitos substantivos* (v.g. nas citadas hipóteses do artº 17º,nº2 e do artº 291º do C.C.). Tem-me parecido que há ainda *zonas cinzentas* (que se situam num *meio termo* da inilidibilidade e da elisão) de difícil enquadramento numa das duas clássicas espécies de presunções – questão que, todavia, não tem sido tratada pela doutrina, nem tão-pouco se pretende aqui desenvolver.

[315] Cf. CANO TELLO, Celestino – *Manual de Derecho Hipotecário*. 2ª ed. Madrid: Civitas, 1992, pp. 287/292 – onde, nomeadamente, diz: "a presunção de exatidão é *iuris tantum* em matéria de princípio de legitimação *e iuris et de iure* em relação com o princípio de fé pública; daí que possa falar-se de um duplo aspeto do princípio de presunção de verdade ..." (p. 288). Adiante esclarece ainda que como "de legitimação" o princípio presuntivo "protege fundamentalmente o titular registral" e como "de fé pública ...protege os terceiros" (p. 298).

Em síntese, dir-se-á que este princípio possibilita, nos termos do disposto no 1 do artº 350º do C.C., que ao titular inscrito *baste,*[316] para comprovar o seu direito, designadamente o direito de propriedade[317], invocar o registo a seu favor. Deste modo, o registo constitui *prova do direito* – e prova *processual do direito*[318] – como é próprio dos sistemas de "registo de direitos"[319] que são considerados de "fé pública".

Estes sistemas não se limitam a tornar públicos os títulos que visam justificar os direitos, conhecidos como de "registos de documentos", e são estruturalmente diferentes destes. Nos de *registo de direitos* os documentos têm apenas uma *função instrutória, visto que* é o conservador que decide se eles são, ou não, bastantes para certificar que a *situação jurídica* está devidamente comprovada e, consequentemente, que o registo pode ser lavrado como definitivo, ou só como provisório, ou até que tem de ser recusado. Mas, uma vez lavrado, passa a ter eficácia «a se», *independentemente* dos documentos que instruíram o pedido de registo.

316 Parece-nos que numa mais «atualizada» conceção, não devia apenas bastar, mas antes ser *necessário* invocar o registo a seu favor, de tal sorte que quem ainda não registou devesse primeiro registar. Esta seria uma ilação decorrente, por um lado, da 'obrigação de registar' e, pelo outro, da desvalorização da posse ou, talvez melhor, da "posse *versus* registo", ideia que no atual mundo da informatização nos parece ser a mais adequada, como já referimos.

317 Digo *sobretudo* porque para a prova do direito de propriedade não basta, como é sabido, invocar um *título translativo* (v.g. uma escritura de compra) visto que não é através de correspondente *aquisição derivada* que este direito se *constitui*. De modo que, sendo praticamente impossível reconstituir *todos* os sucessivos títulos aquisitivos (fazer a chamada "prova diabólica"), a propriedade ou se prova através da aquisição *originária* –designadamente a usucapião – ou se *dispensa a prova,* através desta *presunção do registo,* presunção essa que *inverte* o ónus probatório (quem quiser demonstrar o contrário é que o terá de provar) e só pode ser elidida nos raros casos que a lei admite.

318 SANZ FERNANDEZ elucida-nos acentuando que a presunção "tem o seu campo mais adequado de atuação (...) na esfera do direito processual. Assim como os seus efeitos são limitados na ordem substantiva, na processual são muito extensos e produzem, em certos casos, uma enérgica legitimação". (Cf. SANZ FERNANDEZ , ANGEL – *Instituciones de Derecho Hipotecario,* Madrid: Instituto Editorial Reus, 1947. Vol. I. p. 322).

319 Note-se que esta também é, em síntese, a conclusão a que chega NICOLÁS NOGUEROLES para definir o que é um registo de direitos. Diz: "neste sistema o registo é a prova da propriedade, não se trata só de publicar, mas também de garantir o publicado. O inscrito goza da presunção de exatidão e prevalece o assento sobre o título" (cf. *cit.* "La evolución de los sistemas...", p. 122)". Como vimos, entre nós o princípio presuntivo previsto no artº 7º do CRPred. também abrange *a exatidão* (a presunção do direito *existe* "nos precisos termos em que o registo o define"), ainda que, por vezes, alguma jurisprudência e doutrina continuem a refutá-lo.

1.2 – Refiro ainda três outros princípios processuais não habitualmente mencionados, mas que são inegavelmente aplicáveis no *novo* Registo Predial, porque decorrem não só dos preâmbulos citados Decretos-Lei n.ºs 224/84 e116/2008, como do disposto no CRPred, designadamente nos artigos 39º/2, b), 73º, nºs 1,2 e 6 e também do próprio artº 156º. Refiro-me aos princípios da *cooperação*, da *preclusão e auto-responsabilidade* e da *economia de procedimentos.*

Por último, cabe salientar o facto de atualmente os registos estarem a ser feitos (informaticamente) em brevíssimo tempo, muitas vezes no próprio dia e, se o não forem, sem ultrapassar o prazo máximo legal de 10 dias previsto no artº 75º. Trata-se, iniludivelmente, de vantajosas mudanças em relação aos velhos procedimentos que, como temos pretendido demonstrar, decididamente contribuíram para aprimorar e credibilizar o atual Novo Registo

2 – A terminar o tema do *registo de direitos*, creio dever destacar ainda estes pontos em que tenho insistido porque os julgo significativos:

– O primeiro é referente à identidade do prédio, aspeto essencial do princípio da legalidade. Julgo que a implementação, generalizada a todo o país, do *número único* de identificação do prédio previsto no Dec-Lei nº 224/2007 e ulteriormente na Lei n.º 78/2017, de 17/8[320], traduz uma facilitação para todos e *uma vantagem com inegável utilidade* para evitar incertezas quanto à identificação dos prédios. Fundamental é que seja posto em prática em todo o território nacional com a indispensável brevidade.

– O outro é que, como já se mencionou, as efetivas transformações imobiliárias têm sobretudo uma *causa jurídica* e não meramente factual, uma vez que os imóveis – salvo por alguma excecional ocorrência natural – de facto *não podem esticar nem encolher.* São *as operações jurídicas,* tais como as frequentes aquisições de prédios e de partes

[320] No artigo 22º do Dec.Reg. n.º 9-A/2017, de 3/11, esclarece-se que o NIP (Número de Identificação do Prédio) é "um identificador numérico do prédio". Além deste NIP o BUPi (Balcão Único do Prédio), regulamentado nos art.ºs 20º e 21º do mesmo Dec.Reg., constitui outra valiosa facilitação.

de prédios[321] contíguos e as demarcações (negociais, administrativas ou por decisão judicial) que provocam e possibilitam as alterações da configuração dos prédios, principalmente no tocante às suas áreas e aos seus limites.

– Por isso, as indicações dadas pelo Registo a respeito dessas modificações são *necessárias* para o Cadastro. Contudo, quando os atos de registo, mormente as inscrições, implicarem alterações descritivas elas devem ser feitas *imediatamente*, bastando para tanto, como a lei atualmente admite, a *participação dessa alteração*, não sendo necessário aguardar pela sempre morosa (e usualmente até muito morosa) verificação *in loco* feita pelos serviços cadastrais, já que isso determinaria um «retrocesso» e uma dilação temporal *incompatível* com a função do Registo Predial, com a atual celeridade do comércio imobiliário e com a defesa dos direitos dos cidadãos, evidente não apenas nos casos das inscrições de encargos ou de providências cautelares, como em qualquer outro registo.

– O último ponto é este: seja qual for o serviço em causa, qualquer um deles não pode querer *fazer tudo* ou determinar o que o outro *deve fazer*. Os serviços fiscais, municipais, cadastrais, registrais *têm cada um deles a sua própria função e o seu específico campo de atividade* e, por isso, as suas peculiares competências e a necessária especialização, ainda que *todos devam estar articulados*, apoiando-se reciprocamente e cooperando para o fundamental objetivo de proporcionar à sociedade os necessários meios e infraestruturas, a fim de poderem ser úteis para a modernização e para o progresso do Pais. Contudo, não é sua função determinar o que os demais devem, ou não, fazer.

[321] Estas aquisições exigem, na maioria dos casos, licenciamentos ou permissões municipais (e outras) que com frequência levantam problemas e que indispõem os utentes com os serviços do Registo. Contudo, estes não são *problemas do Registo*. Por isso se diz –e creio que bem – que a maioria dos *óbices descritivos* que se suscitam *não são* matéria de Registo (ou que nessa sede se possam resolver). As que o são respeitam quase sempre às *inscrições* e aos *averbamentos às inscrições*.

CONCLUSÃO

O Registo Predial português depois do vigente Código de 1984 e das sucessivas reformas legais, nomeadamente a introduzida pelo Dec-Lei nº 116/2008, criou, como se disse na mencionada sessão inaugural do 1º Encontro Nacional de Conservadores "um novo ordenamento jurídico-registral" que "rompe decididamente com uma tradição teórica e prática já quase centenária".

Este Novo Registo, que é de *direitos* e de *fé pública* e que tem em vista *a segurança do comércio jurídico imobiliário*, está inteiramente *informatizado*, é *célere e* disponibiliza a informação e certificação permanente *online*. Tem sido elogiado em encontros e congressos internacionais, mas habitualmente é encarado pela jurisprudência e pela doutrina nacionais principalmente à luz do anterior Código (publicado na sequência do Código Civil) e também *desvalorizado*, apontando-se-lhe falhas (aliás, hoje em dia excecionais), que *todas* as instituições, incluindo os próprios tribunais, têm e que certamente nunca deixarão de ter.

Contudo, desvalorizar o Registo não é benéfico. Na supracitada frase de Rui Pinto Duarte "os registos públicos dos imóveis são indispensáveis ao desenvolvimento social" e, como se concluiu no documento publicado pelo *Conselho Económico e Social das Nações Unidas* com o nº *HBP/1998/8*, têm várias finalidades e são – cito literalmente – "indispensáveis ao desenvolvimento social"[322]. Além disso, proporcionam um

[322] Cf. DUARTE, Rui Pinto: citado *Curso de Direitos Reais*, 3ª ed. pp. 137/8. Esta referência consta igualmente do ponto '8' (com a epígrafe "A relevância do registo predial") de um trabalho do Professor, que também citamos, publicado no nº 1 da "Revista do Notariado". A frase textual é:

apoio essencial aos cidadãos e às empresas, mormente nos negócios jurídicos imobiliários e no crédito hipotecário[323].

A atual Sociedade da Informação exige registos imobiliários informatizados e que contenham as menções consideradas relevantes, prestando, além disso, informações indubitáveis e internacionalmente atendíveis.

O novo Registo Predial português cumpre todos estes requisitos e também está permanentemente atualizado e proporciona, entre outros efeitos económicos, os da diminuição dos custos de transação dos imóveis e o incremento do mercado imobiliário, bem como as mais avançadas garantias do crédito hipotecário, com a inerente diminuição das taxas de juro, do que manifestamente resultam favoráveis efeitos para a economia.

São-lhe ainda atribuídas funções de fiscalização do cumprimento de diversas prescrições legais, pelo que é caracterizado como "guardião da legalidade pública".

O Registo Predial é também a única instituição que permite tornar cognoscíveis com elevado grau de certeza os direitos inscritíveis que incidem sobre prédios no comércio jurídico, constituindo o alicerce e a garantia das transações imobiliárias. Por todos estes motivos – e outros há que foram referidos neste estudo –, é adequado considerar que Registo Predial português constitui presentemente o suporte da nossa ordem jurídica imobiliária.

"Os registos públicos dos imóveis são indispensáveis ao desenvolvimento social. Como o Conselho Económico e Social da Nações Unidas sumariou num dos documentos em que abordou o assunto". E indica que é o referido documento intitulado *Social and Economic Benefits of Good Land Administration (HBP/1998/8,* consultável em www.un.org.docs/ecosoc. (Cf. DUARTE, Rui Pinto: "A reforma do registo predial de Julho de 2008", em: *Revista do Notariado*, nº 1, maio de 2009, pp.5-33. A citação é de p. 28.

[323] Participei há anos numa reunião da ELRA (*European Land Register Association*) em Creta e ouvi (com espanto) o Comissário europeu presente informar que todo o crédito hipotecário que "circulava" na União Europeia (nessa altura constituída por 15 países) representava 15% do PIB da União (!). Não tendo quaisquer dados que me permitam confirmar essa afirmação, no entanto, acredito que então tivesse, e que continue a ter, um valor muito elevado.

BIBLIOGRAFIA CITADA

ALMEIDA, Carlos Ferreira de – *Publicidade e Teoria dos Registos*. Coimbra: Almedina,1966.

—— *Transmissão de propriedade por efeito de contrato*. Lisboa: Themis, Ano VI, nº 11– 2005

ALVES, José Carlos Moreira: *Posse – Estudo Dogmático*. Rio de Janeiro: Forense, 1991. Vol. II, 1º Tomo

AMARAL, Branca e MENDES, Isabel Pereira – *Código do Registo Predial, Anotado*Coimbra: Almedina, 1ª ed., outubro de 1984.

AMORIM, João Pacheco de: "Direito de propriedade privada e garantia constitucional da propriedade de meios de produção", *in* "Boletim de Ciências Económicas" – Faculdade de Direito da Universidade de Coimbra, Ano LVII / I, 2014, pp. 225-304

ANDRADE, Manuel Augusto Domingues de – *Noções Elementares de Processo Civil*. Coimbra: Coimbra Editora, 1963. Vol. I.

—— *Ensaio sobre a teoria da interpretação das leis*. 2ª ed. Coimbra: Arménio Amado,1963.

—— *Teoria Geral da Relação Jurídica*. Coimbra: Almedina, 1987. Vol. II.

ARAÚJO, António Magro Borges de – *Prática Notarial*. Braga: ed. do Autor, 1961.

ARNAÍZ EGUREN, Rafael: *Registro de la Propiedad y Urbanismo*. Madrid: Marcial Pons, 1995

—— *Terreno y Edificación, Propiedad Horizontal y Prehorizontalidad*. Madrid: Editorial Aranzadi, 2010,

ASCENSÃO, José de Oliveira – *O Direito– Introdução e Teoria Geral*. Coimbra: Almedina, 13ª ed. ref. e reimp., 2017,

—— *Direito Civil-Reais*. 4ª ed. Coimbra: Coimbra Editora, 1983.

—— *Efeitos substantivos do registo predial na ordem jurídica portuguesa*.– em ROA, nº 34º, 1974, pp. 5-46 (e disponível em: www.oa.pt/upl/%7B31eca69e-a973-42ec-946f-3db5f8453014%7D.pdf)

—— *Direito alternativo* (consultável em *sítio* da Faculdade de Direito de Lisboa: http://www.fd.ulisboa.pt/portals/0/docs/institutos/icj/luscommune/ascensaojoseoliveira7.pdf

BINDÉ, Jérôme – *Para onde vão os valores?* Lisboa: Instituto Piaget, 2006.

BRANDELLI, Leonardo – *Direito Civil e registro de imóveis*. S. Paulo:Editora Método, 2007.

—— *Registro de Imóveis: Eficácia Material*. Rio de Janeiro: Forense, 2016,.

CAMPOS, Maria Isabel Helbling Menéres – *Da Hipoteca*. Coimbra: *Almedina*,2003. ISBN 9789724019468.

CANARIS, Claus-Wilhelm: *Pensamento Sistemático e Conceito de Sistema na Ciência do Direito* (introdução e tradução de A. Menezes Cordeiro). Lisboa: Fundação Calouste Gulbenkian, 2002

CANO TELLO, Celestino – *Manual de Derecho Hipotecário*. 2ª ed. Madrid: Civitas, 1992

CANOTILHO, José Joaquim Gomes *Direito Constitucional e Teoria da Constituição*. Coimbra: Almedina, 2003 (reimpressão de 2012.

CANOTILHO, José Joaquim Gomes e MOREIRA,Vital – *Constituição da República Portuguesa: Anotada*. 3ª ed. Coimbra: Coimbra Editora, 1993.

CARDOSO, Artur de Castro Pereira Lopes – *Registo Predial, Sistema-Organização-Técnica--Efeitos*. Coimbra: Coimbra Editora, 1943..

CARVALHO, Orlando de – *Direito das Coisas*, edição coordenada por Francisco Liberal Fernandes, Maria Raquel Guimarães e Maria Regina Redinha, Coimbra: Coimbra Editora, 2012,

CORDEIRO, António Menezes – *Direitos Reais*. Lisboa: LEX,1979.

—— *Direitos Reais, 'Reprint'*, Lisboa: Lex, 1979.

—— *A Posse: Perspectivas Dogmáticas Actuais*. Coimbra: Almedina, 1997.

—— *Tratado de Direito Civil Português* – Coimbra: Almedina, 1999. I Parte Geral Tomo I

—— *Tratado de Direito Civil Português* – Coimbra: Almedina, 2002. I Parte Geral Tomo II – Coisas.

—— Ciência do Direito e Metodologia Jurídica nos Finais do Século XX. em Revista Ordem dos Advogados, Vol. III, Ano 48 (1988).

—— "Evolução Juscientífica e Direitos Reais" *in* "Revista Ordem dos Advogados", Vol. I, Ano 45 (1985), p. 71-112.

COSSÍO Y CORRAL, Alfonso de – *Instituciones de Derecho Hipotecario*. 2ª ed. Barcelona: Bosch, Casa Editorial,1956.

COSTA, Fernando Carlos Ramalho Silva, "Apresentação do Iª Congresso de Conservadores do Registo Predial" *"in Regesta:* edição da "Associação Portuguesa de Conservadores dos Registos, Ano 1985, nº 58, p.39/40-P.

COSTA, Mário Júlio de Almeida: *Direito das Obrigações*, Coimbra: Almedina, 4ª ed.

CRISTAS, Assunção e Mariana França Gouveia e Vítor Pereira Neves) – *Transmissão da Propriedade e Contrato*. Coimbra: Almedina, 2001.

DEMOGUE, René. *Les notions fondamentales du Droit prive: essai critique*. Reimp. Paris : La Mémoire du Droit, 2001

DERRIDA, JACQUES: "A mundialização, a paz e a cosmopolítica" *in Para onde vão os valores?* Lisboa: Instituto Piaget", 2006.

DÍEZ-PICAZO, Luís Maria (com ANTONIO GULLÓN) *Sistema de Derecho Civil*, vol. III. Madrid: Tecnos, 2004.

DIP, Ricardo Henry Marques – Sobre a qualificação no registro de imóveis. Maceió, 1991. (Disponível em www: <URL: *arisp.files.wordpress.com/2008/06/007-dip-qualificacao-registral.pdf*>).

DUARTE, Rui Pinto – *Curso de Direitos Reais*, 3ª ed. "Principia", 2013.

—— *A Reforma do Registo Predial de Julho de 2008.* "*in* Revista da Ordem dos Notários, maio de 2009, pp. 5-33 e disponível em *www.fd.unl.pt/docentes_docs/ma/rpd_MA_7722.pdf.*

—— *Tipicidade e Atipicidade dos Contratos.* Coimbra: Almedina, 2000.

ECO, Umberto – *Os Limites da Interpretação.* Lisboa: Difel, 2004.

EHRENBERG, Victor Gabriel – *Seguridad jurídica y Seguridad del tráfico.* "Cuadernos de Derecho Registral". Madrid: Fundacion Beneficentia et Peretia Juris,2003.

FERNANDES, Luís Alberto Carvalho – *Lições de Direitos Reais.* Lisboa: Quid Juris, 6ª ed.2010

FERRARA, Francisco – *Interpretação e aplicação das leis.* Trad. Manuel de Andrade. Coimbra: Arménio Amado Editor,1963.

FERREIRA, Paulo Roberto. "O papel está morto – comunicação ao 2.º Congresso Brasileiro de Direito Notarial e Registral". *In Revista de Direito Imobiliário.*Nº50, Ano 24, (2001).

GARCIA GARCIA, Jose Manuel – *Derecho Inmobilirio Registral o Hipotecario.* Madrid: Editorial Civitas, 1988. Vol. I.

GERALDES, Isabel Ferreira Quelhas – *Código do Registo Predial– Anotado e Comentado,* Coimbra, Almedina, 2020,

GÓMEZ GÁLLIGO, Javier – La Calificación Registral. Madrid: Thomson Civitas, 2008.

GÓMEZ GÁLLIGO, FRANCISCO JAVIER y DEL POZO CARRASCOSA, PEDRO – *Lecciones de Derecho Hipotecario*: Madrid, Marcial Pons, 2006,

GONZÁLEZ, José Alberto – *Direitos Reais e Direito Registral Imobiliário.* 3ª ed. Lisboa: Quid Juris 2005.

GUERREIRO, J. A. Mouteira – *Ensaio sobre a Problemática da Titulação e do Registo à Luz do Direito Português,* Coimbra: Coimbra Editora, 2014

—— *Temas de Registos e de Notariado.* Coimbra: Almedina, 2010.

Noções de Direito Registral. 2ª ed. Coimbra: Coimbra Editora, 1994.

—— "Urbanismo e Registo: o caso específico dos loteamentos urbanos" *in Direito do Urbanismo e do Ordenamento do Território – Estudos,* II, *Obra Coletiva,* Coimbra: *Almedina,* 2012

—— "Reflexões sobre o direito de superfície, a sua titulação e registo, os volumes e o conceito de prédio urbano" *in* "Revista da Faculdade de Direito da Universidade do Porto", VI, 2009, pp. 211-232.

—— "Algumas reflexões sobre o registo imobiliário português", *in*"Revista de Direito Imobiliário –nº 83, Brasil, São-Paulo:Thomson Reuters/RT, 2017, pp.285-322

—— "Cadastro e Registo são instituições complementares, não duplicadas nem concorrentes" *in* "O Direito", nº II, ano 150º, 2018,pp. 227-246

—— "Equívocos a propósito do Registo Predial", conferência em 24 de fevereiro de 2017 no CEJ (*in:* http://www.cej.mj.pt/cej/recursos/ebooks/civil/eb_DireitoRegistal.pdf);

—— "A Sociedade de Informação e a valia do Registo Predial" *in* "O Direito", nº II, ano 147º, 2015, pp. 485-551.

—— *A usucapião e o registo: devemos repensar o tema? In* RED — Revista Eletrónica de Direito, ed. CIJE/ FDUP, 2013, n.º 2.

—— "O Estatuto do Conservador", *in Scientia Ivridica.* Vol. LI, nº 292, Janeiro – Abril 2002, pp.123-134

HARARI, Yuval Noah: *Sapiens, História Breve da Humanidade.* 12ª ed.. Amadora: Elsinore, 2018,

HÖRSTER, Ewald Heinrich –. A Parte Geral do Código Civil Português: Teoria Geral do Direito Civil., 2ª ed. revista ,Coimbra: Almedina, 2019

JARDIM, Mónica Vanderleia Alves de Sousa – *Efeitos substantivos do Registo Predial Terceiros para efeitos do Registo.* Coimbra: Almedina, 2013,

—— *Estudos de Direitos Reais e Registo Predial.* Coimbra: Gestlegal, 2018,

JHERING, Rudolf von – *A Luta pelo Direito* (tradução de FERNANDO LUSO SOARES). Lisboa: Edições Cosmos, 1992.

JUSTO, António dos Santos – *Direitos Reais.* Coimbra: Coimbra Editora, 2007.

LACRUZ BERDEJO, José Luis. *Dictamen sobre la naturaleza de la función registral y la figura del registrador.R.C.D.I.* Nº 530 (1979).

LACRUZ BERDEJO, José Luis e SANCHO REBULLIDA, Francisco de Asis – *Derecho Inmobiliario Registral.* Elementos de Derecho Civil III, bis. Barcelona: Bosch Editor, 1984.

LIMA; Fernando Andrade Pires de; e VARELA, João de Matos Antunes; em colaboração com MESQUITA, Henrique – *Código Civil, Anotado.* Coimbra: Coimbra Editora, Vol. I, 4ª ed. Rev., 1987, e Vol. III, 2ª ed. Rev., 198

LIMA, Frederico Henrique Viegas de – *O Direito de Superfície como Instrumento de Planificação Urbana.* Rio de Janeiro: Renovar, 2005. ISBN 85-7147-521-0.

LOPES, Joaquim de Seabra – *Direito dos Registos e do Notariado.*7ª ed. Coimbra: Almedina, 2014.

MACHADO, João Baptista – *Introdução ao Direito e ao Discurso Legitimador.* Coimbra: Almedina, 1985.

MACHADO, Virgílio Félix„O Registo e o Cadastro", nas "Jornadas de Registos e Notariado –Universidade do Minho em 13/11/ 2015. Consultável em: https://ascr.pt/general_pages/jobs

MAGALHÃES, Jorge de Seabra – *Estudos de Registo Predial*. Coimbra: Almedina, 1986.

MANZANO SOLANO, Antonio, e FERNÁNDEZ, María Del Mar Manzano: *Instituciones de Derecho Registral Inmobiliario*. Madrid: Fundación Registral, 2008.

MELO, Alberto de Sá e, *in Direito da Sociedade de Informação*, Coimbra: Coimbra Editora, 1999

MÉNDEZ GONZÁLEZ, Fernando – *De la Publicidad contratual a la titulación registral: El largo proceso hacia el Registro de la Propiedad*. Pamplona: Thomson: Civitas, 2008.

—— *Seguridad del tráfico versus seguridad de los derechos: un falso dilema*: Estudios jurídicos en homenaje al profesor Luis Díez-Picazo, Vol. 3, Editorial Civitas, , 2003

—— *La función económica de los sistemas registrales*. Colegio de Registradores de la Propried y Mercantiles de España. Club Siglo XXI, Madrid, (2002) e em R.C.D.I., nº 671, pp: 875-900.

——*La inscripción como instrumento de desarrollo económico*. Ponencia presentada al XII Congreso Internacional de Derecho Registral, *Marrakech*, novembro de 1998 (Consultável em: http://www.cinder.info/?page_id=432&language=es).

—— *La inscripción como título-valor o el valor de la inscripción como título, in* R.C.D.I., nº 703 (2007), pp. 2062-2161

MESQUITA, Manuel Henrique –*Obrigações Reais e Ónus Reais*, Coimbra: Almedina, 1990,

MIMOSO, Maria João e RODRIGUES, Ricardo Alexandre Cardoso, em *Reconfiguração do Consensualismo Contratual: as ações tituladas nominativas e os limites à transmissão*, na Revista "Julgar *online*", Julho de 2014, e http://julgar.pt/author/maria-joao-mimoso/.

MOREIRA, Eva Sónia: "O regime da transmissão da propriedade no direito alemão e a protecção de terceiros subadquirentes – Brevíssimo confronto com o regime português", *in Estudos em Homenagem ao Professor Doutor* Heinrich Ewald Hörster, Coimbra: Almedina, 2012,

NEVES, António Castanheira: "O sentido actual da metodologia jurídica", em *Ciclo de conferências em homenagem póstuma ao Professor Doutor* Manuel de Andrade.. Coimbra, Almedina, 2002,

NOGUEROLES PEIRÓ, Nicolás – "La evolución de los sistemas registrales en Europa" *in* "Revista de Direito Imobiliário" nº 265, Ano XXII, 2007.

"La evolución de los sistemas registrales europeus", *in* "Notícias de la Unión Europea" nº 265, 2007, pp. 121-134

NORMAND, Sylvio *in* «Mélanges offerts au professeur François Frenette. Études portant sur le droit patrimonial». Canadá: Québec: Presses de l'Université Laval , 2006,

NUNES, Alberto Catarino – *Código do Registo Predial.: Anotado*. Coimbra: Atlântida Editora, 1968.

OLIVEIRA, Fernanda Paula – *Regime Jurídico dos Instrumentos de Gestão Territorial Comentado*, Coimbra: Almedina, 2016

—— *Portugal: Território e Ordenamento*. Coimbra: Almedina, 2009.

PAU PEDRÓN, António – *Elementos de Derecho Hipotecario*, Madrid: Universidad Pontificia Comillas, 2003,

RECUERO, Raquel da Cunha, *A internet e a nova revolução na comunicação mundial*, consultável em: http://www.raquelrecuero.com/revolucao.htm

ROCA SASTRE, Ramón Maria – *Derecho Hipotecário*. 5ª ed. Barcelona: Bosch Casa Editorial, 1954. Vollumes I e II.

RODRIGUEZ ALMEIDA, María Goñi *El principio de especialidad registral*. Cuadernos de Derecho Registral.. Madrid, "Fundacion Beneficentia et Peretia Juris", 2005

RODRIGUES, Manuel – *A Posse*. 3ª ed. Coimbra: Almedina, 1981

SANZ FERNANDEZ, Angel – *Instituciones de Derecho Hipotecario*, Madrid: Instituto Editorial Reus, 1947. Vol. I

SAVATIER, René – *Vers de nouveaux aspects de la conception et classification juridique des biens c orporelles*. Paris: „Revue trimestrielle de droit civil", 1958.

—— *La propriété de l'espace*. «Chroniques D.S.», 1965.

—— *La propriété des volumes dans l'espace et les techniques juridiques dés grands ensembles immobiliers*. «Chroniques D.S.»,1976.

SEQUEIRA MARTÍN, Adolfo J., *Aproximação ao conceito de publicidade registral e sua eficácia*, em "Revista Crítica de Derecho Inmobiliario", Ano LXIV, nº 589, Madrid 1988, pp 1864 ss.

SMITH, Brad e BROWNE, Carol Ann: *Tools and Weapons –The promise and the peril of the Digital Age*. Nova Jersey: East Rutherford, Edição: Penguin Publishing Group, 2019

SOARES, Blandina – "A Apresentação Eletrónica no Registo Predial Português – evolução histórica", trabalho apresentado no XVIII Congresso Internacional de Direito Registral (Cinder) Amesterdão, 2012 consultável: https://ascr.pt/system/jobs/documents/000/000/021 /original/A_apresenta%C3%A7%C3%A3o_eletr%C3%B3nica_no_registo_predial_portugu%C3%AAs_-_Blandina_Soares.pdf?1523914462*in*

SOTTOMAYOR, Maria Clara – *Invalidade e Registo: A Proteção do Terceiro Adquirente de Boa Fé*. Coimbra: Almedina, 2010.

STEGER , Manfred B., *A Globalização*, V.N. Famalicão: Edições *Quasi*, 2006, tradução de *Globalization*, Oxford: University Press, 2003

STEINER, George: *As Artes do Sentido*. Lisboa: Relógio D'Água, 2017,

—— *Os Logocratas*, Lisboa: Relógio de Água, 2006,

TELES, Inocêncio Galvão, *Introdução ao Estudo do Direito*, Vol I, Lições policopiadas, Lisboa, AAFDL, 1988, p. 176.

TOFFLER, Alvin, *A Terceira Vaga*. Edição: Livros do Brasil,1999

TORRE, Maria Enza la – *Contributo alla Teoria Giuridica del Documento*. Milano: Giuffrè Editore, 2004.

VARELA, João de Matos Antunes - *Das obrigações em geral.* 9ª ed. Coimbra: Almedina, 1998. Vol. I.

VAZ SERRA, Adriano Pais da Siva - *Provas.* in B.M.J. n.os 110 a 112.

VIEIRA, Abel Augusto Veiga da Gama - *Código do Registo Predial, Anotações.* Coimbra: Coimbra Editora, 1960.

VIEIRA, José Alberto: *A Posse.* Coimbra: Almedina, 2019,

—— *Direitos Reais.* Coimbra: Coimbra Editora, 2008.

—— "A Nova Obrigação de Registar, o Seu Impacto sobre a Aquisição de Direitos Reais sobre Coisas imóveis e a Segurança do Comércio Jurídico Imobiliário". *in:* "Estudos em Homenagem ao Professor Doutor Sérvulo Correia" (p. 100). Coimbra: Coimbra Editora, 2010.

ZWEIG, Stefan: *O Mundo de Ontem-recordações de um europeu.* Porto: Porto Editora, 2014,

JURISPRUDÊNCIA

Acórdão do Tribunal Constitucional n.º 148/05, de 16.03.05 consultável em: https://www.tribunalconstitucional.pt/tc/acordaos/

Acórdão do STJ de 4-7-1972 (Arala Chaves) *in* BMJ nº 219, p. 196

Acórdão. do STJ de *3-2-1999* (Abrantes Geraldes) publicado no BMJ nº 484º p. 384,

Acórdão do STJ de 23-01-2001 (Moitinho de Almeida) consultável em www.dgsi.pt/jstj.nsf

Acórdão do STJ de 18/12/ 2003 (Santos Bernardino) consultável em www.dgsi.pt/jstj.nsf

Acórdão do STJ de 01-06-2006 (Pereira da Silva) consultável em www.dgsi.pt/jstj.nsf

Acórdão do STJ de 13-11-2007 (A. B. São Pedro) consultável em www.dgsi.pt/jstj.nsf

Acórdão do STJ de 12 de Janeiro de 2012 (Silva Gonçalves) consultável em www.dgsi.pt/jstj.nsf

Acórdão do STJ de 19/09/2017 do STJ (Alexandre Reis) consultável em www.dgsi.pt/jstj.nsf

Acórdão Uniformizador nº 1/2008 (Azevedo Ramos), Publicado no Diário da Republica nº 63, série I, de 2008-03-31, pp. 1871 - 1879.

Acórdão Uniformizador nº 1/2017 (Vieira Gomes) *in* Diário da República n.º 38/2017, Série I, de 2017-02-22) e consultável em www.dgsi.pt/jstj.nsf

PARECERES da Procuradoria Geral da República

Parecer nº 73/1996, de 19.05.2000 (Henriques Gaspar) Consultável em: http://www.ministeriopublico.pt/pareceres-pgr/8803

Parecer nº 78/91 *in* Diário da República nº 111 de14-05-1992, II série, pp. 4286 e ss.

Parecer 21/03/2013 (Alexandra Leitão) e publicado na 2.ª série do Diário da República de 14 de maio de 2013.

PUBLICAÇÕES, REVISTAS E INSTITUTOS

- Boletim do Instituto dos Registos e Notariado (IRN)
- Boletim do Ministério da Justiça (BMJ)
- Cadernos de Direito Privado (CDP)
- Centro Internacional de Direito Registral (IPRA-CINDER)
- Digesto delle Discipline Privatistiche – Sezione Civile *Utet Giuridica*: entrada "Superfície".
- European Land Registry Association (ELRA)
- RED – Revista Eletrónica de Direito – CIJE – FDUP
- Regesta – Boletim da Associação Portuguesa de Conservadores dos Registos (ASCR)
- Revista Crítica de Derecho Inmobiliario (RCDI);
- Revista de Derecho Inmobiliario (RDI)
- Revista de Direito Imobiliario (RDI – IRIB)
- Revista da Ordem dos Advogados (ROA)